名师名校名校长

凝聚名师共识
回应名师关怀
打造名师品牌
培育名师群体

翻语文山 点育人彩

——育人理念下偏远山区语文教学的行与思

余家灿 / 著

中国华侨出版社

·北京·

图书在版编目（CIP）数据

翻语文山　点育人彩：育人理念下偏远山区语文教
学的行与思 / 余家灿著. -- 北京：中国华侨出版社，
2024. 9. -- ISBN 978-7-5113-9294-7

Ⅰ. G623.202

中国国家版本馆CIP数据核字第2024Q75V21号

翻语文山　点育人彩——育人理念下偏远山区语文教学的行与思

著　　者：余家灿

责任编辑：罗路晗

封面设计：言之凿

开　　本：710mm×1000mm　1/16开　　印张：14.5　　字数：212千字

印　　刷：北京政采印刷服务有限公司

版　　次：2025年3月第1版

印　　次：2025年3月第1次印刷

书　　号：ISBN 978-7-5113-9294-7

定　　价：58.00元

中国华侨出版社　北京市朝阳区西坝河东里77号楼底商5号　　邮编：100028

发 行 部：（010）88893001　　　　传真：（010）62707370

如果发现印装质量问题，影响阅读，请与印刷厂联系调换。

目　录

勇闯课题之山

翻越策略之山

攀登实践之山

勇闯课题之山

"融合'快乐读书吧'元素，提高学生读写能力的研究"项目论证

一、研究意义

"快乐读书吧"是统编版语文教材新增设的板块，目的是引导学生了解课外阅读的方法，掌握课外阅读技巧，阅读推荐书目，开展课外阅读活动，培养阅读兴趣，增加阅读量，逐步养成良好的阅读习惯，是沟通课内外阅读的重要桥梁。

读写能力是指学生在运用祖国语言文字表达自我情感的过程中体现出来的运用语言的基本能力，包括语言建构与运用、思维发展与提升、审美鉴赏与创造、文化传承与理解。映射为教学目标，就是要帮助学生学会阅读和书写，识别词汇，理解文字、文章，能写字词、句子、段落、文章等。在外延上，学生要通过阅读来了解人类社会、知悉历史、探索科学，通过读写来学习、学会表达和交流，及进行反思和批判等。

二、本项目的研究现状

"快乐读书吧"是统编版语文教材新增设的一个栏目，近些年也有一些语文教育工作者对其进行了研究和探索，并提出了各自不同的看法和观点。例如，曹爱卫在《"快乐读书吧"栏目解读及教学建议》一文中提出，教师在进行这一栏目的教学时应该做到以下几点：用心做好文本教学解读；合理

制定教学目标；设计有趣有效的教学活动；建立与学生日常阅读的联系。杨星爱在《另辟蹊径，快乐阅读——小学语文"快乐读书吧"教学模式探究》中则提出了以下几种教学策略：激趣引路，开发学生课外阅读兴趣（具体为：巧妙设疑，激发学生阅读兴趣；现代技术，引领学生课外阅读）；方法指导，促使学生坚持阅读（具体为：掌握迁移方法；自制阅读表单）。滕衍平在《"快乐读书吧"：编排特点、功能定位与实践策略》中提出，"快乐读书吧"是统编教材中的一个重要栏目，其中制定或者推荐的阅读书目内容丰富、形式多样，是和语文学习密切相关的"整本书"。教学应该充分认识到"快乐读书吧"的编排特点和功能定位，通过整体规划阅读进程、精心设计多种课型、科学拟定评价内容，切实做到"课本"与"读本"并立共读，进而有效地推进"快乐读书吧"阅读活动深入开展。

通过梳理文献发现，目前关于"快乐读书吧"的研究成果多是对通过这一栏目教学提高学生阅读能力的研究，尚未涉及通过这一栏目教学提高学生写作能力的研究，希望本课题的研究，可以填补此方面的空白。

三、本项目的总体框架和基本内容，拟达到的目标

（一）总体框架

（1）通过文献检索、分析国内外研究现状，搜集归纳有助于本课题研究的相关理论、经验、策略，确定理论依据，明确研究目标和内容。

（2）调查目前小学生的读写能力现状，以及"快乐读书吧"这一板块的教学现状，明确借助"快乐读书吧"这一板块培养小学生读写能力的必要性和重要性。

（3）以"培养小学生读写能力的研究"为依据，以"快乐读书吧"为载体，探究培养小学生读写能力的策略和途径，形成整体的阅读体系，从而提升小学生的语文素养。

（4）通过分析、探讨、开展本课题研究，探索"融合'快乐读书吧'元素，培养小学生读写能力的研究"成功路径，将其上升到理论高度。

勇闯课题之山

（二）研究手段

（1）把课题研究与理论学习结合起来，积极参加各级各类培训，拓宽知识面。

（2）把课题研究与"快乐读书吧"的教学实践结合起来，把课题研究的理念运用于实际的语文课堂教学中。

（3）把课题研究与个案剖析、教学反思结合起来，围绕课题搜集典型个案，撰写教学论文。

（三）研究计划

第一阶段：课题申报的初始阶段（2021年1—5月）

对当前小学语文教师在利用"快乐读书吧"这一板块进行读写教学的情况进行全面调查，并根据调查情况提出课题，确定课题的研究方向、研究方法与研究任务，讨论形成可行性的研究方案，制订研究计划，撰写课题申请书。

第二阶段：课题研究的实施阶段（2021年6月—2023年4月）

（1）全面研究阶段（一）（2021年6—12月）

针对"'快乐读书吧'课堂教学模式的研究"这一研究内容，探索"快乐读书吧"的"常规课、展示课、延伸课"的不同课堂教学方法，形成简单实用、操作性强的课堂模式。

（2）全面研究阶段（二）（2022年1—8月）

开展"融合'快乐读书吧'，构建'1+X'阅读圈的研究"的研究工作，形成"小组阅读""亲子阅读""师生共读"的不同阅读方法，激发学生的阅读兴趣，让学生领会读写的方法。

（3）全面研究阶段（三）（2022年9月—2023年3月）

进行"拓展课外阅读，提升读写能力"的研究，在不同的研究基地以及不同学段探索不同体裁的文章的阅读方法，鼓励学生走进书店、图书馆、阅览室、读书角等，通过不同途径摄取阅读知识，拓宽阅读视野。教师在不同的文体阅读教学中，教给学生总结归纳文章的写法，以达到提升学生读写能力的目的。

在研究过程中应做好活动的安排、活动过程记录、调查分析工作，不断总结反思，调整研究策略，积累个体案例，进行二次整理归纳，形成个性鲜明且集操作性、实用性、前瞻性于一体的方法论。

第三阶段：课题研究的总结提升（2023年4—6月）

总结课题研究成果，在相关学校上示范课、推广课；整理课题并研究相关资料，撰写结题报告，形成有形的经验成果申请结项。

四、负责人前期研究基础

负责人前期研究基础包括：负责人的主要工作经历及目前从事的主要工作；近三年来完成了哪些重要研究课题，发表了哪些相关成果，以及相关成果的评价情况（引用、转载、获奖及被采纳情况）；搜集了哪些相关资料；完成本课题研究的时间保证，及资料设备等科研条件。

课题主持人余××同志现任××市××镇中心学校校长，是全国优秀教师，广东省特级教师，广东省山村优秀教师，××市名校长，广东省和××市两级名校长工作室主持人。其主持的省级课题"现阶段农村留守儿童心理偏差纠正策略研究"、××市课题"新课程改革下小学语文学习方式研究"和××市课题"信息技术与构建语文乐学课堂整合研究"均顺利结题；2018年主持的××市重点课题"偏远山区教学点教育资源整合的研究"已经申请结项。

学科论文《读出古诗的韵味》在全国优秀期刊《小学语文教学（园地版）》2021年第2期发表；××市重点课题"偏远山区教学点教育资源整合的研究"的研究论文《偏远山区教学点教师队伍的建设策略》在《师道（教研版）》2020年9月发表；××市级课题"新课程改革下小学语文学习方式研究"的研究论文《语文学习方式的现状及应对策略》在《小学教学参考》2019年第25期发表。

为了保证本项目实验研究的顺利开展，课题组多次召开研讨会，制定研究方案，本课题以广东省余家灿名校长工作室和茂名市梁丽华名教师工作室为依托，以本市两所市直小学和多所乡镇中心小学为研究基地，课题组团队

勇闯课题之山

有校长、教导主任、语文骨干教师等，团队意识好，教科研能力强，能出色地完成课题的研究任务，达到预期研究效果。

本项目的研究历时两个学年，时间充足（2021年6月—2023年6月），研究活动以××市×城小学和××市第一小学作为城乡辐射中心，以××、××、××三镇中心小学为实践基地，拓展带动所在乡镇的小学，涉及范围广，惠及师生多，影响力大。在资料设备上，以两个工作室为依托，有足够的设备设施供课题组使用，主持人所在单位和合作单位在图书设备购置、调查研究、集体研讨、集体备课、外出培训等人力和物力及资金等方面予以支持，为课题的顺利研究提供了物质保障。

"融合'快乐读书吧'元素，提升学生读写能力的研究"中期报告

　　广东省重点课题"融合'快乐读书吧'元素，提升学生读写能力的研究"的探索进行了一个学年。一年来，我们从选题到开题可行性研究，从明确研究目标到计划研究过程，从学习相关理论到通过问卷调查进行学情研判，从制定研究方案到落实实践行动，从优化课堂教学模式到提高课堂有效性，对培养学生的读写能力进行了富有成效的工作。现将课题研究的工作作简要分享。

一、轻叩阅读之门

　　2021年10月18日，本项目在信宜中学举行了开题报告。信宜市教育局副局长、教研室主任等专家领导莅临指导，本人代表课题组重点阐述了本项目的总体框架和基本内容，以及拟达到的阶段性目标和总体目标。本课题重点围绕"快乐读书吧"课堂教学模式，融合"快乐读书吧"构建"1+X"阅读圈，以及拓展课外阅读、提升读写能力三个子课题开展研究，力图通过研究，在理论上构建出"融合'快乐读书吧'元素，提升学生读写能力的研究"的基本框架；探索出能构建科学的、操作性强的小学语文"快乐读书吧"的各类课堂教学模式，并初步形成"快乐读书吧"课程体系；探索出构建"1+X"阅读圈的策略，引导学生将课内阅读自主延伸至更为广阔的课外阅读，促使小学生的阅读能力和写作能力得到较大程度的发展和提高。

勇闯课题之山

二、探寻悦读之道

（一）理论学习

理论为实践提供了智力支持，为了顺利地开展研究，在着手实践研究之前，课题组成员及实验教师采取集中学习与自主学习相结合、网络学习与外出培训相结合的方式深入学习理论知识，了解与我们的研究课题相关的研究情况，研读它们在这方面已经进行了哪些研究，还有哪些方面有待研究以及哪些方面可以更深入地研究，以定位好我们研究的方向与深度。

（二）研究探索

1.城乡结合，全段探索

为了使本课题的研究成果更具代表性，将来能够服务和应用于山城玉都，我们选取了信宜市教育城小学、信宜市第一小学、信宜市田家炳小学，东镇街道、玉都街道、水口、贵子等镇的中心小学作为实验基地，由课题组成员和部分小学语文骨干教师组成实验教师团队，分低年段、中年段、高年段来开展全年段"快乐读书吧"的相关研究，如表1所示。

表1　实施阶段计划

实施阶段	时间	子课题	具体内容	形式	地点	授课人
一	2021年10月20日	"快乐读书吧"课堂教学模式的研究	四年级上册《很久很久以前》导读课	公开课	信宜市教育城小学	罗雪妹
			二年级上册《读读童话故事》导读课	公开课	信宜市教育城小学	雷燕青
			六年级上册《笑与泪，经历与成长》导读课	公开课	信宜市教育城小学	李和梅
		融合"快乐读书吧"元素，构建"1+X"阅读圈的研究	关于师生共读的研究	专题讲座	信宜市教育城小学	梁丽华
	2021年10月21日	"快乐读书吧"课堂教学模式的研究	三年级上册《在那奇妙的王国里》导读课	公开课	信宜市朱砂镇埠头小学	叶志祥

实施阶段	时间	子课题	具体内容	形式	地点	授课人
一	2021年10月21日	"快乐读书吧"课堂教学模式的研究	五年级上册《从前有座山》延伸课	公开课	信宜市朱砂镇埠头小学	邱朝秀
			一年级上册《读书真快乐》展示课	公开课	信宜市朱砂镇埠头小学	吴美玲
		融合"快乐读书吧"元素，构建"1+X"阅读圈的研究	关于亲子阅读的研究	专题讲座	信宜市朱砂镇埠头小学	余家灿
二	2022年3月23日	"快乐读书吧"课堂教学模式的研究	三年级下册《小故事大道理》导读课	公开课	信宜市池洞镇中心小学	叶志祥
			一年级下册《读读童谣和儿歌》导读课	公开课	信宜市池洞镇中心小学	邱朝秀
			五年级下册《读古典名著，品百味人生》导读课	公开课	信宜市池洞镇中心小学	王军胜
		融合"快乐读书吧"元素，构建"1+X"阅读圈的研究	关于小组阅读的研究	读书交流会	信宜市池洞镇中心小学	余家灿
	2022年3月24日	"快乐读书吧"课堂教学模式的研究	六年级下册《漫步世界名著花园》展示课	公开课	信宜市第一小学	李和梅
			四年级下册《十万个为什么》延伸课	公开课	信宜市第一小学	罗雪妹
			二年级下册《读读儿童故事》展示课	公开课	信宜市第一小学	雷燕青
		拓展课外阅读，提升读写能力的研究	亲子读书分享会	读书交流会	信宜市第一小学	李和梅
三	2022年10月18日	"快乐读书吧"课堂教学模式的研究	二年级上册《读读童话故事》展示课	推广课	信宜市教育城小学	雷燕青

勇闯课题之山

实施阶段	时间	子课题	具体内容	形式	地点	授课人
三	2022年10月18日	"快乐读书吧"课堂教学模式的研究	三年级上册《在那奇妙的王国里》展示课	推广课	信宜市教育城小学	叶志祥
			五年级上册《从前有座山》延伸课	推广课	信宜市教育城小学	邱朝秀
	2022年10月19日	融合"快乐读书吧"元素，构建"1+X"阅读圈的研究；拓展课外阅读，提升读写能力的研究	"爱读书、会读书"主题实践活动	读书交流会	信宜市教育城小学	吴美玲
			征文比赛、讲故事比赛、手抄报比赛等	文学沙龙	信宜市教育城小学	罗雪妹

2. 双室联动，构建课型

课题组第一成员为茂名市名教师工作室主持人、广东省特级教师梁丽华老师，课题组整合省市工作室资源，实现优势互补，通过集体研备、反复打磨、城乡送课展示、定期集中研讨等方式开展交流总结，使课题研究得以稳步推进、落地实验。在实践中构建了低、中、高各年段的"快乐读书吧"导读课课型，达到了较为满意的效果。

3. 构建"1+X"阅读圈

《义务教育语文课程标准（2022年版）》（以下简称《新课标》）指出，九年义务教育课外阅读总量应在400万字以上。因此，课题组把目光投向"群文阅读"，引导学生课内得法课外用，以"快乐读书吧"为纽带，牵引部分经典文本，向课外阅读开发延伸。按以"1"为源、借"X"拓展的路径构建"1+X"阅读圈，力图做到课内外阅读相结合，打通听说读写，将阅读、鉴赏、表达与探究进行整合，促进学生语文核心素养的提升。"1+X"阅读圈是师生共读、生生共读、亲子阅读、全民阅读等全息阅读时空，与课堂教学计划联结，以项目式、结构化全方位开展阅读指导活动，全面实现课内外阅读活动课程化，帮助学生实现"1+X"海量深度阅读。

三、畅享悦读之趣

近一年的研究实验取得了较为满意的成果，主要表现在以下三个方面。

（一）学生学力提升

1.综合语言运用能力得到提升

通过大量课外阅读，学生开阔了眼界，积累了知识，为创造性地使用语言和发散思维奠定了基础，阅读能力和写作能力得到很大提高。2022年，信宜市举行了"玉都少年爱阅读，信宜学子气自华——信宜市小学生阅读素养展评"活动，活动内容包括"快乐读书吧"阅读征文和阅读手抄报，相关课题实验单位的学生均取得了优异的成绩。

2.学生的创造性得到发展

"一千个读者就有一千个哈姆雷特"，每一个学生都是独一无二的个体，由于知识经验、生活阅历、兴趣爱好等方面的差异，每个学生欣赏作品的切入点和审美取向也是迥然不同的。因而我们鼓励实验教师设置情境，鼓励学生质疑问难，敢于摆脱书本、权威的思维局限，全方位、多角度地审视问题，在合理的范围内富有创见性地提出自己的见解，激活求异思维，启发辩证思维，从而把"快乐读书吧"的阅读引向深入，使学生的创造性得到发展。在这次比赛中，同学们的手抄报精彩纷呈。

3.养成合作与共享的品质

在实验中通过构建"1+X"阅读圈，鼓励学生个性化阅读，同时引导学生进行小组阅读，通过小组合作，促使学生在与他人共读、分享经验的过程中形成合作与共享的个性品质。例如，学生在推荐阅读书单中展开讨论、辩论、演说等活动。在这些活动中，学生之间有竞争也有合作，他们除了分享别人的成果，也为别人提供帮助。学生在学习中也体会到了合作学习的乐趣，在合作学习中取长补短，学习空间更加开阔。

（二）教师专业成长

课题组的教师通过理论学习，更新教育观念，制订研究计划，进行专题研究，提高了科研能力。课题的实施使教师们积极地投入课题研究活动中，

勇闯课题之山

实践教学改革，教学能力相应地得到提升，一批研究成果获得市级奖励或在省级刊物上发表。

（三）学校质量提高

课题研究活动的广泛开展，促进了教师之间的教研交流，提高了教师的教学水平，促进了教育教学质量的全面提升。一年多来，课题相关的实验学校共有56人次荣获信宜市级以上优秀课例，其教育教学质量稳步提升。课题实验基地信宜市教育城小学近三年均被评为"小学教育教学质量优秀单位一等奖"，持续吸引了市内其他学校前来观摩学习。

四、阅读悦美之想

以上是我们在这段时间内进行的研究工作及取得的成果，书路漫漫，我们收获成果的同时也反思不足。

（1）本课题立足于小学语文"快乐读书吧"的研究，具有很强的实践性，需要在课堂教学实践中大量尝试，获得第一手资料，进行总结、提炼，去粗存精，并且将精华部分固化下来，上升至理论层面，用以指导其他教师开展课外读物教学指导，并在实践中检验效果。而在这方面，需要消耗大量的时间和精力，我们课题组全体成员还需继续努力。

（2）要实现"快乐读书吧"引领读写结合，需在阅读过程中提取、归纳、领悟写作策略，让读与写、输入与输出及时对接，课内外阅读与写作实现贯通，形成有机整体，提升学生的语言综合运用能力，这对教师的个人素质提出了很高的要求。在课题研究过程中，发现部分教师缺乏对读本的深入研读，对"快乐读书吧"读本的任务及功能把握不准，对教学价值方面的理解比较薄弱，教师的能力有待提高。

（3）整本书阅读已经作为新语文教育改革的重点之一，而"快乐读书吧"中指定或推荐的阅读书目内容丰富、形式多样，正是与语文学习密切相关的整本书。

"快乐读书吧"课堂教学模式及学生"1+X"阅读圈的构建对粤西地区的教师是一个很有挑战的课题，仅仅在我们课题组开展研究是远远不够的，需要在更大的范围内吸纳更多的教师参与研究。我们将整合两个工作室的资源推进深入研究，并及时推广课题研究成果，使"快乐读书吧"的教学在粤西地区乃至更广大的范围内获得更好的效果，造福更多的学生，使其畅享悦读之美。

勇闯课题之山

"融合'快乐读书吧'元素，提升学生读写能力的研究"研究案例

一、"快乐读书吧"课堂教学模式的研究

课题组对"快乐读书吧"整本书阅读的教学流程及相应的指导策略进行了探索和实践，形成了"快乐读书吧"导读课、推进课、分享课的一般教学模式。通过激发阅读兴趣、点拨阅读方法、指导阅读策略、展现阅读个性、提炼读写方法，最终让学生提升读写能力。

"快乐读书吧"导读课教学一般可以按照以下教学流程进行。

（一）导读

在学生阅读这本书之前，通过呈现精彩片段或影视作品等方式，激发学生阅读整本书的兴趣。

1. 教师导读

要想以呈现精彩片段的方式激发学生阅读整本书的兴趣，教师就要精选作品中最能展现作者创作主旨与表现风格或对情节发展起决定作用的代表性片段，大声朗读或讲述，不断预设悬念，激发学生的阅读兴趣，使其习得阅读的方法。所选择的片段与片段之间的话题的连接要像一条线把零散的珠子串联起来，让故事完整地呈现在学生面前，使其获得对文本的整体认识。

导读课可以简要介绍作品要点、作者及创作背景，让学生对整本书有初步的了解。为激发学生阅读整本书的兴趣，在阅读中要关注封面、封底、目

录、序言等，这可以帮助学生了解作品的阅读方法，对要阅读的作品有一个初步的印象。若是外国文学，还要注意版本的选择。制订读书计划也可以渗透其中，为阅读做好准备。

导读课需要教师做好充分的准备，对整本书有透彻的了解，把自己对书的喜爱传达给学生，从而影响学生。

2. 学生导读

教师还可以充分发挥学生的自主性，引导学生把自己喜欢的书籍，以自己喜欢的导读方式推荐给本班同学或其他班同学。学生导读既能锻炼其表达能力，又能锻炼学生捕捉一本书"优点"的能力。

（二）自读

自读是阅读的主体部分，学生全身心地走进整本书，持续默读，与书本对话。这个阶段可以设计阅读学习单来引导学生深入阅读。阅读学习单主要设计一些重要话题，引领学生带着思考重读全书。

阅读学习单的设计要注意三点：①语言简要有趣；②内容设计由浅入深；③形式活泼美观。

阅读学习单可以让学生带着话题深入阅读，为讨论交流做好准备，并且将学生宝贵的原初的阅读体验与成果传达给老师，从而使老师有针对性地设计读书交流会的流程与内容。

（三）交流

在交流中，学生要借助一些话题展开讨论，话题的设计要注意以下四点。

1. 确立主题，整体建构话题

一部优秀的文学作品，主题往往也是复调的。若面面俱到的话，恐怕一个星期都讨论不过来。这就需要教师根据学生的情况，首先，确定讨论的主题；其次，设计多个话题层层推进；最后，使话题群之间的关系表现为从具体到抽象、从已知到未知、从浅显到深刻，后一个话题成为前一个话题的延伸、深化，形成链状或梯状结构。

2. 引发冲突，激起思维火花

话题的设计要具备诠释性和开放性，善于抓住作品中的冲突点，让学生

勇闯课题之山

处于矛盾的对立中，从而引发讨论，激起思维的火花。这样的话题能让学生在思考中领悟，在辩论中明晰，成为有思考力的读者。

3.抓住细节，品悟语言表达

细节描写既是人物形象、环境特点的具体表现，又往往是学生语言习得的范本，因此，在阅读交流中，要抓住细节描写设计话题，深入语言层面，引导学生体会语言表达特色及文字背后蕴含的情感。

4.寻找自我，连接现实生活

话题的设计还要有延伸性，注意引导学生思考和追问现实生活，使学生感受到阅读对我们的生活是有影响和指导意义的。

（四）延伸

阅读结束后，教师可以引导学生开展多角度的延伸活动，如语文综合性学习、研究性学习等，以拓展作品的教育意义。推荐阅读同作家作品或同类作品，让学生回到阅读循环的起点，重新选择、重新开始。

对于不同年段，指导重点要有所不同。低年级重在讲述故事，交流分享引发学生兴趣的故事情节、人物等。中年级的讨论话题要关注整本书的主要内容、人物的特点，引导学生发现书中的细节、感受人物的心理变化等。其讨论的重点在于细节描写和从中体验到的情感，从不同的角度看待书中的人物。高年级的课堂则要多一份冷静思考，多一些精神关照。通过研究，课题组总结凝练了以下三个学段的具体教学模式。

低年段"快乐读书吧"导读课教学模式

（1）直观引入，激发兴趣。

（2）认识封面，了解信息。从封面了解书名、作者、出版社、图画等信息。

（3）学会方法，品读故事。①看书名猜故事；②听老师讲故事；③品味故事情节；④尝试复述故事；⑤爱护书本教育。

（4）制订计划，科学阅读。

（5）记录过程，阅读留痕。

（6）推荐书目，"悦读"成长。

中年段"快乐读书吧"导读课教学模式

中年级导读课教学目标的核心在于引起学生阅读的兴趣，激发学生的阅读期待，感知整本书的梗概和线索，规划阅读目标和进度。

（一）创境激趣，引入学习

此环节关注"儿童立场"与"文体意识"，根据学生的认知水平，利用图片、视频、游戏等活跃课堂气氛，提高学生的学习兴趣。

（二）感知全书，获取信息

（1）观察封面，了解作者。让名家名作在学生的脑海中扎根，提升学生的文学素养。

（2）巧探目录，定位内容。目录是书中知识的高度提炼和浓缩，具有极强的概括性，通过阅读目录能提纲挈领地了解全书的主旨和各部分内容。

（三）品读片段，指导策略

以文本提供的精彩段落为抓手，感悟文体独特的魅力，结合书中的小贴士交流讨论，总结阅读方法。

（四）规划阅读，培养习惯

（1）引导学生制订阅读计划，通过对阅读内容的精细化规划，让学生的阅读有目的、有任务，帮助学生坚持阅读。

（2）指导学生制作阅读记录卡，写上书名、作者、阅读时间、主要内容、精彩词句和心得感悟等，从浅层阅读走向深层阅读。

（五）拓展阅读，走向智慧

推荐学生阅读同类文体，增加学生的阅读量，引导学生穿越时空与大师对话、和智者交流，获得生命的滋养和精神的成长。

高年段"快乐读书吧"导读课教学模式

浏览封面，激发阅读兴趣；阅读目录，唤起阅读期待；观看视频，引领阅读文本；制订计划，阅读有速度；指导方法，阅读有焦点；交流体会，阅

勇闯课题之山

读有深度；拓展阅读，阅读成习惯。详见统编版语文六年级上册"快乐读书吧"《笑与泪，经历与成长》——教学设计如下。

（一）童年话题，引入学习

（1）童年天真烂漫，是人一生当中最美好的时光。在我们的童年成长中，有欢笑和喜悦，也有磨难和痛苦，关于这些或甜或苦的经历，你们一定有很多话要说吧？谁能说说自己对童年生活的印象吗？也可以给大家介绍一个关于自己成长的故事。

（2）揭示本次"快乐读书吧"的学习主题。

（3）是啊，童年就像一首歌，唱出人生的主旋律；童年就像一首诗，诗里有我们天真活泼的记录；童年就像一幅画，画里有我们多彩多姿的生活。从你们的回忆中，我看到了你们的成长。是的，童年里的每一次经历就是一次成长，每一次的笑与泪都在教我们一步步向前，勇敢地面对。今天，就让我们一起走进"快乐读书吧"去读读作家成长的故事，去看看他们童年里的笑与泪、经历与成长。

（4）板书课题，齐读课题。

设计意图：此教学环节借助学生童年成长的故事引出本次读书交流的主题，让学生在自己童年故事的启发下不知不觉地想去了解作家成长的故事，激发他们阅读的兴趣，从而让他们更快乐地进行阅读分享。

（二）多种方式，激发阅读兴趣

1. 电影激趣

（1）我们的童年世界灿烂、美丽，我们的童年生活幸福、美好，但有些人的童年生活常常是惊恐不安的，请欣赏电影片段。

（2）师：刚才看了一部电影的其中一段，你有什么疑问吗？你有什么想知道的吗？你提的问题很有价值，你提的问题也是大家想知道的，你们知道的可真多啊，这段电影是根据那本书拍摄的吗？生：是。师：你答对了。那有谁知道这本书的作者吗？

2. 读封面，了解作者激趣

作者简介：谁给大家介绍一下高尔基？

3. 出示经典评论激趣

《童年》这本小说对人物的刻画、对环境的渲染，都真实生动、细致入微，我们要想了解这部经典小说的文化价值，那就让我们看看名家对这部小说的点评吧。

（个别）《童年》不仅是一部艺术珍品，而且是高尔基的传记，是他全部创作的注解，对于我们来说是极为珍贵的。

——［苏联］丘科夫斯基

（齐读）在俄罗斯的文学中，我们从来没有读过比《童年》更美的作品。

——［法国］罗曼·罗兰

4. 介绍书籍——《童年》梗概激趣

齐读《童年》的导语。读了导语，你知道了什么呢？谁来补充？

《童年》是苏联作家高尔基的小说。故事的主人公阿廖沙三岁丧父后，随母亲投奔外祖父。外祖父粗野自私，经常毒打孩子们，他曾把阿廖沙打得失去知觉。除了脾气暴躁的外祖父，这个家里还有两个为了争夺财产而整日争吵、打架的舅舅。阿廖沙经常惊惧不安，还好有慈祥善良的外祖母安慰他、保护他。

5. 目录激趣

《童年》这本书里除刚才电影里的内容外，还有很多内容讲述了主人公阿廖沙的成长故事，里面有他的笑与泪、经历与成长。请大家阅读目录，你对《童年》的哪些内容最感兴趣呢？请你说一说。

（三）指导阅读经典

《童年》这部小说来历不凡，堪称经典，因此，大家都很感兴趣、很想阅读。有一句话说得非常好："做事之前学会计划，才会事半功倍，计划是前进的路线图。"因此，我们读这部经典之前也要制订一个____。（板书）

1. 制订读书计划

例如，《西游记》这本书中有许多有趣的故事，在读整本书之前，我们

勇闯课题之山

可以给自己制订一个读书计划。

《西游记》阅读计划单：

（1）我计划用（38）天读完。

（2）每周我要读（1）回。

（3）每天我要花（60）分钟来进行阅读。

（4）我要从《西游记》里选（2）个故事讲给爸爸妈妈听。

2. 运用读书方法

请大家再看看书本，文中还告诉了我们许多阅读经典名著的好方法，看看谁的眼睛最雪亮？你有一双火眼金睛，你的眼睛真雪亮。

（1）厘清人物关系有助于读懂故事。

厘清主要人物关系（以示意图的形式，简要介绍）。

主人公阿廖沙（善良、坚强、勇敢、纯洁、有信心）。

父亲彼什科夫（手工业者，老实、本分）。

母亲瓦尔瓦拉（善良的下层妇女）。

继父叶夫根尼·马克西莫夫（脾气暴躁，经常毒打妻子）。

外祖父卡希林（凶狠、残暴、自私）。

外祖母阿库琳娜·伊凡诺夫娜（勤劳、善良）。

《童年》这本书中围绕主人公阿廖沙写了很多人物，比如外祖父、外祖母、舅舅、工人格里高利、富有同情心的"小茨冈"等，我们可以利用"人物环形图"来整理，如图1所示。

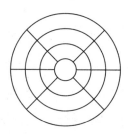

图1 《童年》人物环形图

（2）通过小说情节感受人物形象。

（出示课件：阿廖沙和外祖母第一次见面的情景）

那时我病得很重，刚能勉强起身。我清楚地记得，我病着的时候，开始是父亲开开心心地照顾着我，后来他突然不见了，照顾我的人换成了外祖母，一个很奇怪的人。

"你从哪儿过来的啊？"我问她。

她回答："从上面来，从下城来，不是过来，是坐船来！人怎么能自己从水上过来呢，真是个小迷糊！"

这真可笑，又是上又是下的，让人糊涂。上面，楼上住的是几个染了大胡子的波斯人，而地下室住了一个卖羊皮的黄皮肤的卡尔梅克老头。下楼梯可以从扶手上滑下去，要是摔倒的话就滚下去，这我一清二楚。可是这关水什么事？简直都乱套了。

"我怎么就迷糊呢？"

"因为你吵得人迷糊啊。"她说完也笑了起来。

——选自高尔基《童年》，黄玫译

从以上对话中，你们能体会到外祖母是什么样的人吗？

（很奇怪、幽默的人）

① 提问：读了这段话，你发现外祖母有什么特点？（外祖母和"我"说话时很亲切）

② 提示：在接下来的阅读中，你还会读到很多人，他们之间会发生什么事？你们可以把自己感兴趣的人的身份、特点和事例写出来。

③ 示范填写情节。

在《童年》这个故事里，你将读到主人公阿廖沙一路成长中的笑与泪、经历与成长。我们试着将关键的情节理一理，形成一条情节链。比如上面这个片段主要写他病中的事，我们就可以概括为：

生病→＿＿＿＿→＿＿＿＿→＿＿＿＿→＿＿＿＿→＿＿＿＿

3. 做好读书笔记

教师引导。俗话说：好记性不如烂笔头，不动笔墨不读书。阅读的过程中，同学们是怎样做的呢？哦，可以做好读书笔记。在读书笔记中你会记录

勇闯课题之山

什么内容呢?

（四）总结

教师引导：刚才我们分享了阅读儿童小说的方法，同学们阅读《爱的教育》和《小英雄雨来》，也可以按板书内容理一理人物关系，画一画情节图，相信你们一定会在阅读中收获满满。

"聪明出于勤奋，天才在于积累。"同学们，没有目标就没有方向，每一个学习阶段都要给自己定一个目标。每一位同学都应该相信"一分耕耘，一分收获"。老师希望同学们一定挤时间多读书，如果你爱上了读书，今生将受益无穷。

"快乐读书吧"阅读推进课教学模式：

①聊阅读计划，检验效果；②理阅读困难，集体解决；③学精读策略，推进阅读；④总结方法，推荐阅读。

二、融合"快乐读书吧"元素，构建"1+X"阅读圈的研究

《新课标》指出，阅读是学生的个性化行为，应在主动积极的思维和情感活动中理解、体验、感悟、思考，得法于课内，受益于课外。在基于"快乐读书吧"的主题阅读实践中，课题组通过研究引导学生读整本书、同一类书，最终走向多元阅读。这里所说的多元，不仅指阅读内容的多元，还指阅读形式、阅读评价的多元。多元构建"快乐读书吧""1+X"阅读圈，目的是强调教师"教读"与学生"自读"的融合，有效联系课内的阅读教学与学生的课外阅读，更有利于学生语文阅读能力的精进。

（一）导读阶段——唤醒情绪，引发期待

"快乐读书吧"是小学语文阅读教学与学生课外阅读学习相连的枢纽，为了使学生提起课外阅读的兴趣，同时为学生规划课外阅读的范围，课外阅读的导读阶段是不可或缺的。教师可以借助课本中的插画与单篇课文内容来引导学生展开联想，产生期待。

例如，统编版语文四年级上册第四单元中的"快乐读书吧"板块以神话故事为主题，与本单元的四篇课文属于同类。所以，教师就可以用单篇的

课文作为导读素材，与学生共同梳理这四篇神话故事分别讲述了哪些内容，同时辅以神话故事插图给学生带来视觉享受，将文本中扁平的人物形象立体化，将故事具象化，唤醒学生对神话故事的了解兴趣。比如，课本中的神话故事《盘古开天地》《精卫填海》《普罗米修斯》和《女娲补天》的教学中可以放一些相应的插图。

教师以课本中的单篇课文作为"以点带面"中的"点"，同样运用插图来引导学生对神话故事的课外阅读产生期待。比如，教师向学生推荐《燧人取火》《八仙过海》《十二生肖》《麻姑献寿》等神话故事，并展示与故事对应的插图，在学生进行课外阅读之前，先通过图片来让学生展开联想、预设故事。

（二）推进阶段——组织活动，营造氛围

在课外阅读的过程中，教师最关心的就是学生的阅读学习情况，担心学生由于自制力不足、阅读能力不强等原因，荒废了课外阅读的机会与时光。为了保证学生的课外阅读质量，"快乐读书吧"下的"1+X"阅读圈需要密切关注学生的课外阅读动态，通过制订阅读计划、书写读书笔记等方式来帮助学生解决难题。

1. 阅读形式多元化

开展晨读晚诵活动，根据学生的年龄特点推荐不同的经典诵读书目；利用广播阵地开展午讲活动，感受传统说书的魅力；举办读书节系列活动，开展"读书笔记展评""好书推介会""亲子共读"等活动；引进竞争机制，开展阅读竞赛来激发阅读兴趣，如讲故事比赛、优秀诗文朗诵比赛、立体书设计比赛、读书知识竞赛等；设立阅读成果专栏，展示阅读收获、评选阅读之星，掀起你追我赶的读书浪潮；提供阅读展示平台，利用升旗仪式时间展示各班经典诵读成果，为学生搭设展示自我的舞台。

2. 阅读评价多元化

以阅读成长记录评价展示阅读的轨迹，通过"阅读存折"记录学生每天阅读的内容和时长，搜集能够反映阅读过程和结果的资料，见证阅读成长；采用阅读定级进行定量评价，围绕每天坚持阅读、每学期完成必读书目的

阅读、积极参与特色读书实践活动、每学期的个人图书借阅量、班级阅读明星评选等方面，从一级到十级进行评定，再将"自我评价、小组评价、老师评价、家长评价"引入评价之中，增强评价的交互性，使评价更加全面、科学、客观，以有效促进学生开展主题阅读。

（三）交流阶段——互动分享，交流收获

小学语文"快乐读书吧"教学中"1+X"阅读圈模式的构建，不仅仅是为了促进课外阅读教学的实施，更重要的是为了打开学生的语文阅读知识面，帮助学生从课外阅读中收获更多的知识与感悟，充分发挥出"1+X"阅读圈模式的优势。

例如，统编版语文三年级下册第二单元的"快乐读书吧"板块以"小故事大道理"为主题，联系本单元《守株待兔》《陶罐和铁罐》《美丽的鹿角》《池子与河流》四篇课文，推荐学生从寓言故事的课外阅读中感悟更多的人生道理，借此促进学生成长。教师应用"1+X"阅读圈模式，为学生推荐《中国古代寓言故事》《伊索寓言》《克雷洛夫寓言》等寓言故事书籍，通过"1+X"阅读圈模式让制订的寓言主题阅读计划来保证学生的课外阅读进展与质量。同时，教师还组织了"课外阅读思维导图大赛"和"有趣的寓言我推荐"等交流活动，将学生的课外阅读所得进行汇总，并分享阅读的喜悦和收获，也让学生从别人身上看到自己的不足，或是发现自己未曾想到的东西，将"1+X"阅读圈模式贯穿学生的语文阅读始终，侧重让学生从阅读中获得道理、感悟以及阅读的技巧，提升学生的文学鉴赏水平。

（四）拓展阶段——拓展文本，自成体系

"1+X"阅读圈模式下的小学语文"快乐读书吧"阅读教学，最终的教学目标是希望学生的语文阅读能力得到有效提升，学生的课外阅读兴趣得到激发，借助"1+X"阅读圈模式形成学生自己的阅读学习体系，为学生未来长久的语文学习提供保障。

例如，统编版语文四年级下册第二单元的"快乐读书吧"板块以"十万个为什么"为主题，这与本单元的四篇课文——《琥珀》《飞向蓝天的恐龙》《纳米技术就在我们身边》《千年圆梦在今朝》同样都是科普类的阅

读相联系。但是在这次的"1+X"阅读中，教师不再给学生推荐课外阅读书目，而是让学生自荐，开展"生生互荐""师生互荐"活动，教师和学生推荐自己认为贴合"快乐读书吧"主题的书目，并说出推荐的理由。这样做是希望学生能将"1+X"阅读圈模式"为己所用"，真正掌握应用"1+X"阅读模式进行课外阅读的方法，将"1+X"阅读圈模式中的"1"变为学生自己，由"快乐读书吧"的一个主题拓展为数篇文章，能够在没有教师帮助的前提下自主阅读，实现真正的课外自主阅读学习，构建学生自己的阅读学习体系。当然，为了保证学生的课外自主阅读质量，教师也准备了"知识大比拼"之类的活动，以此掌握学生对于课外阅读书目中科普知识的认知程度。

"快乐读书吧"是统编版小学语文教材中的一个特殊板块，是开展课外阅读教学的"窗口"。"1+X"阅读圈模式与当前"双减"背景下的素质教育的相关理念完全吻合，在"快乐读书吧"板块的教学中以"1+X"阅读圈模式为切入点，能够有效地将课外阅读与当下语文课程体系有机融合，使课外阅读不断走向系统化、课程化。语文教师也立足于教学实践，充分展现其应有的教学价值，同时通过主题阅读培养学生的共情体验，教给学生不同的文体应选用不同的阅读方法。从激发学生的阅读兴趣、引领阅读方向、习得阅读策略等角度入手，全面提高小学生的阅读效率，架设课内阅读和课外阅读的桥梁，带领学生开启整组系列阅读，促进有效阅读，让学生真正走向广阔的阅读世界，进一步提高学生的阅读能力。

三、拓展课外阅读，提升读写能力的研究

（一）依托"快乐读书吧"，拓展课外阅读

"快乐读书吧"栏目是统编版小学语文教材倡导海量阅读、推动课内外阅读联动的载体，其重要目的在于将课外阅读之"流"引入课堂教学之"壤"中，是统编教材着力构建的"教读—自读—课外阅读""三位一体"阅读教学体制的重要组成部分，也是统编教材对《新课标》"培养学生广泛的阅读兴趣，拓宽阅读面，增加阅读量，提高阅读品位。提倡少做题，多读书，好读书，读好书，读整本的书"这一教学建议的具体回应。以"快乐读

勇闯课题之山

书吧"为依托，充分发挥好"快乐读书吧"的导读功能，对落实好"1+X"课外阅读具有明显的促进作用。而所谓的"导读功能"，即通过"快乐读书吧"的教学，激发学生阅读兴趣，渗透阅读方法，培养学生阅读习惯，发挥"1+X"课外阅读体系中"1"的作用，引导学生从"一篇"到"一本"，从"一本"到"一批"，在逐步增加课外阅读量的过程中，促进学生阅读能力同步提高。

课题组研读《新课标》、教材内容和实施建议，明确"快乐读书吧"编排意图和功能定位，分年级研究不同体裁书目的阅读指导方法。经研讨与实践，形成了以激发阅读兴趣为主导的"三课一评"教学策略，总结出了导读、推进、分享课及阅读过程评价的基本方法。学校和班级积极创新开展多种形式的阅读活动，学生在读中学、在学中用，体验读书带来的快乐，着力解决"快乐读书吧""教什么、怎么教、读什么、怎么读"四大问题，使教师在教学时有据可依、有章可循，让课内外阅读相互融合、相互促进，构成完整的学生阅读能力发展体系。

（二）落实指导策略，快乐阅读促成长

1.导读指导，激发阅读兴趣

导读课重激趣。导读课是激发学生阅读期待，教给学生阅读方法的重要环节。例如，课题组成员罗雪妹老师执教统编版语文四年级下册"快乐读书吧"的推荐阅读书目《十万个为什么》时，在学生阅读了书中"前几站"的基础上开展读书指导。课堂开始，通过有趣的小组知识竞赛，充分调动学生的积极性，活跃课堂气氛。注意阅读方法的指导，结合本单元"语文园地"指导学生读懂科学术语，在课上做到方法和实践相结合，带领学生品读书中生动有趣的语言，做好句段的批注赏析，促使学生将文本内容内化成自己的语言，为学生下一步的阅读做了精彩的指导。课题组成员李和梅老师在信宜市贵子镇中心小学执教统编版语文三年级上册《在那奇妙的王国里》时，因"快乐读书吧"的主题是童话故事，所以她选择了《安徒生童话》这本书作为拓展阅读书目。导读课上，充分利用学生的好奇心和探究欲，抓住童话故事想象奇特的特点，引导学生读封面、读目录、读序言、读简介、读片段

等，并运用提问、预测、想象、批注、联结等方法，充分激发学生的阅读期待。

2. 制订合理的阅读计划，引领学生阅读

"快乐读书吧"的教学不同于阅读课那般教学目标相对完整、明确，因为读书活动并非一两节课或者短时间内就能完成的任务。为此，制定阅读目标应考虑长远计划以及学生阅读能力的长远发展。读书过程中可指导学生制订全册阅读计划，以把握进度，在规定时间内完成整本书的阅读。比如"阶段性阅读目标"的设定，能够使学生明确阅读目标，引领学生阅读能力的发展。例如，邱朝秀老师执教统编版语文六年级上册《笑与泪，经历与成长》，在教会学生借助图表梳理人物关系、关注小说情节的阅读方法后，引导学生制作阅读进度表，自主规划、自主阅读《童年》。

3. 渗透方法指导，鼓励课外阅读

推进课重解感。大部头的经典名著，内涵深刻、语言风格突出、人物众多且形象饱满，学生可能难以读懂，容易中途放弃。推进课有助于激发学生持续阅读的热情。课题组成员吴美玲老师在信宜市第十一小学执教统编版语文五年级下册《读古典名著，品百味人生》时，按"感知文本，引领阅读；品读文段，感知情节；梳理方法，指导课外阅读"三大板块对学生进行阅读古典名著的指导，环环相扣，层层深入，授课方式新颖别致，课堂气氛轻松愉快。特别是在"品读文段，感知情节"这一板块，吴老师教学生遇到不懂的词句，可以通过猜大致意思、联系上下文、查工具书等阅读方法继续往下读。吴老师巧妙地把"三读回目知内容、猜读名著方法多、读书感受随手记、细节描写要关注"这四个读书方法教给学生，让他们更好地领略古典名著的魅力。

4. 开展交流分享，提升阅读思维

分享展示阅读成果是一种表现性评价，能让学生的阅读热情得以持续，并努力保证阅读质量。

交流课重提升。《新课标》中指出，"阅读是学生个性化的行为，在积极主动的思维和情感活动中，加深理解和体验，有所感悟和思考，受到情感熏陶，获得思想启迪，享受审美乐趣。要珍视学生独特的感受、体验和理解"。阅读的交流展示以书本为根，借助丰富多彩的活动进行展示交流，如演一演、讲一讲、辩一辩、编一编等。例如，在统编版语文三年级上册《安徒生童话》分享课中，教师通过"先声夺人""火眼金睛""分享共成长""小小评论员""手抄报评比"等一系列活动引导学生再现阅读内容，深化阅读理解，也将三年级本单元的语文要素渗透在了课堂之中，全面提升学生的思维能力。不同年龄阶段的学生认知方面都有各自的发展特点，阅读分享课中，根据不同年龄阶段的学生认知发展的心理特点采用不同的教学方法，有的放矢地开展教学。例如，在四年级的《走进神话世界》的阅读分享课中，运用"看图猜故事名称""英雄大会""创编神话"等学生喜闻乐见的方式来分享，提高学生主动参与、乐于表达的积极性，感受中华民族的抗争精神和奉献精神。而六年级的孩子具备了独立思考的能力，认知能力有了大跨越，自主意识增强，因此，在阅读分享课中，采用的手段就应该从"幼稚"向"成熟"转变，分享从"趣味"向"实效"转变，综合运用"思维导图""读后感""连环画""辩一辩"等方式，落实读前指导课中的任务，运用所学的阅读方法深入解读文本，分析人物形象，从而提升学生阅读的深度，彰显阅读的最大价值。

5.组织培训，参与竞赛展示

运用各种评价机制引导低年级学生培养读书兴趣，养成良好的阅读习惯；引导中高年级学生热爱读书和写作，通过读写和竞赛相结合的方式，使语文学习更有激励性。例如，在班内开设习作专栏、每月评选优秀小作者等。学校鼓励学生向学校"红领巾广播室"投稿，组织学生参加各级各类作文竞赛，汇编个人作文集等，让学生从习作中获得成长与成功的喜悦。学校组织学生参加了2021年信宜市教育系统党史学习教育暨"传承红色基因，争做时代新人"小学组征文比赛活动；2022年中国关工委健康体育发展中心"中国梦·健康梦"主题征文活动；信宜市小学阅读素养展评（阅读征文）活动；2022年信宜市中小学廉洁教育征文活动；2023年中共茂名市委政法委员会、茂名市教育局联合举办的"少年话法治"征文比赛等一系列活动，成绩喜人，硕果累累。

（三）注重读写结合，提升语文素养

写作能力是语文素养的综合体现。读和写是不可分割的过程。以读促写就是要做到大量阅读，联系对照。通过阅读，能够扩大学生的知识面，提高学生的写作技巧，而写作也有助于学生更好地理解所读的内容。课外阅读，不仅可以帮助学生积累语言、拓展知识，而且还能产生语感，为学生写作水平的提升奠定基础。因此，教师应鼓励学生进行读写练习，以提升课外阅读的实效。

读写结合中的写不同于一般的作文，它在相当程度上依赖于读，是读的延伸，是阅读成果的表达，是在阅读过程中产生的观点、思想情感的表达，是阅读材料中的典型表达技巧的学习借鉴。在具体教学中可以采取以下几种结合的形式：说与写结合；篇与段结合；与大作文训练结合；与综合性学习结合；与日记、周记结合等。

"快乐读书吧"要求教师在激发学生阅读兴趣、指导阅读方法与策略的同时，引导学生关注作品的语言风格、表达特点等，鼓励学生用口头、书面等相结合的方式进行表达，有时还将阅读主题与单元习作、口语交际等表达训练内容建立起联系，如表1所示。

表1 "快乐读书吧"指导阅读方法与策略

册别	阅读主题	对表达能力的渗透指导	关联教学
四年级上册	中外神话故事	关注口头表达能力的训练，引导学生开展讲述神话故事的活动	习作：《我和___过一天》
五年级上册	中外民间故事	引导学生关注民间故事的结构特点	口语交际：讲民间故事 习作：缩写故事
六年级下册	世界名著	引导学生用摘抄、做批注、画图谱等方式表达阅读思考和收获	习作：写作品梗概

1. 做好读书笔记，优化写作积累

让学生在阅读过程中进行圈点、勾画、批注等，随时将自己的感受、

疑惑用言简意赅的文字记录在文章旁边，写出读书心得。这体现着读者别样的眼光和情怀，便于深入了解文章内容。遇到不懂的地方要主动寻找解决方法，如查资料、请教他人、联系文中内容、结合生活等，直到读懂为止，同时注明出处，写在空白处。遇到喜欢的词、句、段落可以进行积累摘抄，细细品味其中的精妙之处。读一读、背一背，丰富学生的词汇，夯实语言基础，以便在以后的写作过程中使用。

2.思辨赏析，启发现实生活

文章是用来表达情感的。在阅读文章的时候，学生感受最深的是主人公的遭遇和情感。教师在阅读教学中要牢牢把握情感教育要素，让学生感知课文的真情实感，理解主人公的喜怒哀乐。在学习这类文章时，要做到以"情"贯穿文本，以情感人，让学生在情感氛围中与文本对话，与主人公产生共鸣，从而提高学生的人文素养。如《童年》中的阿廖沙的童年十分悲惨，他压抑着、痛苦着、贫穷着，与大家截然不同；但阿廖沙渴求知识，相信知识可以改变命运，最终运用知识取得了成就。经过思辨，让学生写下自己的读后感。叙述、议论或说明，都是学生的情感需要，是提高其语文素养的主要手段。

3.创设读后创作环境，丰富训练形式，促进读写结合

课后，趁着阅读余兴，是激发学生想象力的大好时机。一是可以让学生发挥自己的想象力，在体察作者的视角的同时发散思维；二是有益于搭建师生之间的反馈机制，增加课堂的人文关怀。创设读后创作环境有利于加强学生的换位思考能力和联想能力。

（1）制作好书推荐卡

制作推荐卡，为自己创设享受"阅读社交"的环境，不断回顾自己阅读此书时找到的闪光点，也大胆想象与同学进行阅读社交时自己介绍此书的情境。

（2）绘制思维导图

通过绘制思维导图，清晰地把握人物之间的关系，有益于日后的记叙文写作。

（3）用书信的方式给书中人物写信

学生选择自己最喜欢的一个小说人物，汇集自己对人物的看法，倾诉自己的感受。这样所创设出的场景有助于学生换位思考。

（4）补白式练笔

运用读写结合教学法需要采取不同的训练方式，将读与写多样地结合起来，这要求教师根据课文内容开展有针对性的训练，在课堂中让学生练笔。教师可以要求学生对课文的内容进行补白。例如，一些课文会省略结尾，为读者留下悬念，或省略对人物心理的描写，这时，教师就可以让学生发挥想象力，对这些部分进行补白，给学生提供练笔的机会。如学习完《巨人的花园》后，可以鼓励学生发挥丰富的想象力，续写后面的故事情节。

（5）改写、缩写与扩写练习

教师还可以在课堂上开展改写练习。改写的方式有很多种，有单纯对句子的更改，有对故事结局的改写，还有缩写和扩写。例如，教师可以让学生对文章的中心思想和故事情节进行总结，练习文章或段落的缩写。

4.定期开展读书活动

"快乐读书吧"，首先需要重视学生阅读的"快乐"。而学生读书乐趣的产生，往往依存于"阅读带来的成长与收获"和"读书活动带给学生的体验"，非"任务完成型阅读"和"自由散漫型阅读"所能激发。我们教师在"快乐读书吧"的教学中，不应只关注结果，甚至还要从"关注结果"的误区中跳出来，将注意力集中到学生的"阅读过程"中，引领学生去用心感受自己在阅读过程中的成长与收获；同时结合各种各样的阅读实践活动，引领学生获得读书活动带给自身的真实体验。

在"双减"背景下，为了引导学生爱读书、善读书，让学生体会到"读书乐"，学校开展以班级为单位的国旗下读书主题讲话、诗歌朗诵比赛、最美书签评比、现场作文比赛、"阅读伴我成长"主题演讲比赛、"我喜爱的图书封面"绘画、"阅读推荐卡"制作、"整本书阅读思维导图"制作、阅读手抄报评比等形式的活动，营造学生热爱读书、终身学习的良好校园阅读氛围，提高师生的阅读兴趣和阅读水平，促进学校师生的共同成长。现在，我们还积极利用网络，在学校公众号上开展"寻找优秀讲书人"评选活动，将学生读书的剪影推送到学校公众平台上，并进行展示、评选，极大地调动了学生的参与热情，并得到了家长及社会各界的一致欢迎和喜爱。

利用"快乐读书吧"为学生搭建阅读和写作的平台，读中有写，写中有读，读写结合，并蒂开花，可以促进语文教学的全面提升，谱写语文教学的新篇章。

希望每个学生都能真正地树立一种"活到老，学到老"的终身阅读理念。

"农村偏远山区教学点教育资源整合的研究"课题论证报告

一、课题提出的背景

信宜市贵子镇位于茂名市北大门，下辖1个居委会，14个村委会，总人口4万多人，共有1所初级中学，1所中心小学，14个教学点。针对教育资源问题日益凸显的农村教育状况，我们对本镇的教育资源进行了大量调查，调查发现：在14个教学点中，有10个教学点学生不足100人；旺茅小学、石马小学、托盘垌小学3个教学点学生人数均不足30人。这3个教学点人数稀少，又由于远离镇区而不能撤并，因此山区孩子很难享受到优质的教育资源。随着课程的增设和课程改革的不断深入，信息技术的大量运用，教师的工作量越来越大，负担也有所加重，出现了"教师担子重，学生脑子空"的怪现象，更不必说保证教学质量了。

二、课题研究的意义和价值

中国农村教育资源问题早就引起了众多教育工作者和教育部门的重视，很多人认为，中国农村教育资源存在结构性浪费、功能性浪费等"多重浪费"的现象。基于此，我们大胆提出"农村偏远山区教学点教育资源整合的研究"的课题，旨在通过实践，探索山区农村小学资源整合的新路子，摸索整合农村教育资源的新方法，形成具有理论价值的教育管理模式。

勇闯课题之山

资源整合是为了更合理地利用教育资源，这是在新一轮的教育改革中诞生的一个新理念。教育资源整合是促进有效教学、减轻师生负担的重要途径。

三、课题研究现状

发达国家重视教育资源共享，很多国家先后建立起教育资源门户网站，例如，美国建立了全国性教育资源联盟，构建全社会共建教育资源的机制，但对山区小学的资源整合研究还不多见。在我国，北京东城区把区域内部的优质教育资源融通起来，变学校资源为学区资源，在区域资源共享方面进行了积极的探索。此外，有不少地区实行了教育集团化，构成了小学、初中、高中的联合。例如，翔宇教育集团、苏州某些学校以及苏北的滨海中学，实现了管理资源、师资资源、教学的硬件软件设施等合理利用，提高了办学效益。

我国部分城市以教育行政的力量实现区域资源整合、县级以集团化的方式实现资源整合，已进行了卓有成效的探索。但在广大农村地区，区域内独立设置的中小学，特别是农村山区偏远教学点，如何通过协作的方式实现区域教育资源整合，尚是一个亟须研究的问题。

四、课题研究的思路和方法

（一）研究思路

扎根山区，立足本镇，结合校情，做到理论与实践相结合，思想和行动相统一。借鉴文献资料和网络信息资源，学习有关课题方面的理论知识，通过实地调研、问卷调查、案例分析等途径，归纳总结出课题的理论成果和应用价值。

（二）研究方法

本课题研究的理论性、地域性较强，所以要紧密结合地方实际，通过实证分析和理性思考，边研究边总结，以取得研究的实际效益。

1. 文献研究法

组织课题组成员通过查阅文献资料，学习、研究系统的教育理论，更新教育观念，对资料进行分类，研究中外教育教学理论专著，使本课题的研究建立在理论的基础上。

2. 调查研究法

了解国内教育整合研究的现状，查阅相关资料，通过问卷调查，了解当下农村小学的运作现状，制定出操作性较强的研究实施方案。

3. 实践研究法

根据课题特点，由主持人和成员共同参与，实地走访镇内学校，深入一线参加教学实践，研究、解决问题，创新教育模式。

4. 经验总结法

在课题研究的同时，做好资料的整理，总结阶段性的研究成果，不断改进研究方法，认真撰写经验总结、论文，形成理论成果，使研究更趋向系统化，以便更好地指导实践。

五、课题研究内容

（一）研究目标

本课题研究的目标，即实验研究的因变量。根据本研究的假说，本课题研究要达到的目标包含理论目标和实践目标两个层面。

1. 理论目标

探索山区教学点设备、信息技术与优化学科课程整合的思路和策略，为新形势下农村学校教学点的教育管理提供切实可行的案例或方法。

2. 实践目标

形成学生主动参与、乐于探究、勤于动手等自主、合作、探究的方式和习惯，让山区孩子在知识与技能、过程与方法、情感态度与价值观等方面全面主动发展；通过信息资源整合，促进山区教师专业成长。

勇闯课题之山

（二）基本内容

1. 整合设备资源，提高使用效率的研究

实行布局调整后，农村教学点高年级学生集中于中心小学就读，原来的场室就会出现闲置，特别是偏远山区小学，闲置校舍较多，本课题研究拟整合偏远山区学校闲置的场室、教育教学设备设施，发挥其最大作用。

2. 整合学生资源，促使师资共享的研究

农村偏远地区教学点教师编制紧张，通常就是三个教学班四个教师，如果遇上教师请假或参加学习培训，就有可能每班一人甚至全校一两个教师上课。偏远山区教学点虽然班少人少，但教学常规、信息报送等工作一应俱全，教师工作量较大。由于"权轻责重"，这些山村小学的校长就像"铁打的营盘流水的兵"，流动频繁，管理部门要聘请校长十分困难，由于缺乏"内动力"，学校教学质量较难保证。为了优化人力配置，减轻工作量，我们以"发挥教师特长"为研究内容，如体育、音乐、书画等的课程，可以"合校为一"，将全校学生集中到功能室由具有该特长的教师统一授课，开展定期"送教到校"、教师"援助"计划，让学生享受到优质教育，这样既能使学生接受最好的教育，又减轻了教师的课业负担。

3. 整合课程资源，合理优化课程的研究

本次研究拟将学校课程资源整合，将山区学校师资紧缺的科目，如音乐、美术、体育、信息技术等进行整合，以教师"走教"形式，解决音乐、体育、美术、信息技术、心理健康等专业教师不足的问题，落实"五育并举，全员育人"的发展要求。探索山区教育改革和人才培养的新路径，解决新时代山区教育发展的困局和瓶颈问题。

4. 整合信息资源，促进教师成长的研究

实现教育强市后，我市基础教育硬件得到很大改善，为了全面提高我市的教育质量，我市各县区的推进教育现代化的新征程正如火如荼地进行，各校信息技术设备实现了"三通两平台"，教师人手一台电脑，整合信息资源，让教师利用信息技术提高教学质量。"百年大计，教育为本；教育大计，教师为本"，只有促进教师专业成长，提升师资水平，才能实现"强教

之梦"。

六、课题研究创新之处和实用价值

通过研究，农村偏远山区教学点教育资源在以下两个方面有所创新。

（1）通过研究，为减轻山区学校教师课业负担、提高工作效率、促进教师专业成长，提供卓有价值的范例和方法，具有全面的实践价值。

（2）通过研究，山区教学点基本处于闲置状态的设备"焕发青春"；总结出"合校为一，化整为零"的优化课程整合的新思路，让偏远山区的孩子能享受到优质的教育，拥有与同龄孩子"一样的天空"。

七、课题研究安排

第一阶段：准备初级阶段（2018年9—12月）

通过文献研究，借鉴前人的研究成果，找到支持性理论，做好课题申报和课题实施方案，邀请专家指导开题报告，为课题的研究做充分准备。

第二阶段：全面研究阶段（一）（2019年1—12月）

深入学校调查研究，运用各种研究方法，学习相关的理论、经验，深入山区学校实地调查。课题组成员积极开展试验课，探索方法，形成中期报告。

第三阶段：全面研究阶段（二）（2020年1—12月）

运用经验总结法，总结课题研究中的经验与不足，不断调整和改进实践方法，探索优化课程设置和教师专业成长的方法，撰写课题阶段总结和科研论文。

第四阶段：总结阶段（2021年1—2月）

运用经验总结法，对研究方法、策略措施等进行分析、概括，总结课题研究中的经验与不足，完成终结性报告、课题结题报告。整理、搜集相关的科研论文、影像资料、调查报告，做好结题的申报。

勇闯课题之山

八、课题完成保障条件

（一）科研经验丰富，队伍年轻上进

课题组主持人是茂名市名校长工作室主持人，具有多年的教育科研经验，在教学改革中成绩突出，有主持县、市、省级课题的经验；主持人和成员多篇论文的发表和课题研究的成功，为该课题的研究打下了良好的基础。课题组成员业务素质过硬，有较高的教科研工作热情，对该课题的研究具有浓厚的兴趣，对实施该课题的重要性、必要性和可行性已进行了大量的前期研究工作，并潜心钻研教育学、心理学、统计学等理论知识，这些都为该课题的研究工作提供了充足的力量保证。

（二）学校领导重视，设备经费有保障

我校领导充分认识"质量立校，科研兴校"的重要性，在课题申报上给予了极大支持。学校信息渠道畅通，教学和科研设备先进。此外，学校的资料室、电教室、图书室已组成了专门的课题服务小组，图书、报刊、电子读物等藏量丰富，为教师们查阅有关资料和学习研究提供了方便，经费上也按需给予支持。

（三）科研氛围浓厚，学习培训方便

以名校长工作室为依托，聘请专家教授来校讲座、调研，并对我们的研究进行业务指导、培训。另外，我镇学校教研氛围浓厚，去年、今年共有12个课题相继立项成功，正在如火如荼地进行研究。我校与市教研室等部门有密切的联系，这些单位的领导、专家对我校教科研及该课题的研究工作非常关心，经常给予指导和帮助。

"农村偏远山区教学点教育资源整合的研究"中期报告

"农村偏远山区教学点教育资源整合的研究"课题是茂名市教育科学"十三五"规划2018年度重点课题，于2019年2月立项（课题审批号：mzd201801），现就课题研究中期成果作如下汇报。

一、解决的问题

本课题于2019年2月立项，为茂名市教育科学"十三五"规划2018年度重点课题，自2019年8月开题至今已具体实施了一年有余的时间。课题组在研究中借助问卷调查，了解分析了当前农村偏远山区教学点教育资源的主要现状，明确了一些亟待解决的难题：教育设备闲置、使用率不高、可操作性不强，学生、教师、课程资源未得到合理有效整合利用，课堂效率低、教师负担重、教育质量不高等，课题组结合当前课程改革有关政策、学生综合素质评价现状及本镇实际，从整合设备资源提高使用效率、整合学生资源促使师资共享、整合课程资源合理优化课程结构、整合信息资源促进教师成长等方面，积极探索农村偏远山区教学点教育资源整合的有效途径，制订了"农村偏远山区教学点教育资源整合的研究"课题研究实施方案及研究工作计划，并按实施方案和工作计划开展研究工作。

勇闯课题之山

二、解决问题的措施

（一）成立课题组，建立制度，为课题研究提供保障

课题组严格遵循《国家教育事业发展"十三五"规划》和《茂名市教育科研课题实施管理办法（2019年修订版）》有关规定，深入思考，结合本镇教育现状，选择"农村偏远山区教学点教育资源整合的研究"课题，组织申报了茂名市教育科学"十三五"规划2018年度重点课题。课题获茂名市教育科学研究规划领导小组办公室立项后，学校再次召开课题研究人员会议，确定课题组研究人员资格，认真分析课题研究背景及其现状，拟定研究思路、研究方法和基本途径，制订研究计划和实施方案，并制定了《"农村偏远山区教学点教育资源整合的研究"课题管理办法》，确保课题研究真实有效，并在信宜市教育局教研室张博主任、陈少海副主任、杨绍驹教研员等领导和专家的指导下，于2019年5月正式开题。

开题后，成立由中心学校校长、茂名市名校长工作室主持人余家灿亲自负责，镇骨干校长、教师为主要研究成员的课题研究小组。中心学校领导高度重视，在人力、物力和经费上均给予大力支持，保障此课题研究的顺利进行。要求在研究过程中，每阶段都有具体的研究计划，课题组成员两周一见面，交流研究现状；一月一总结，对研究结果和过程中出现的问题进行汇总，并提出下一步研究目标。

（二）研制课题研究活动计划

课题组严格按照《茂名市教育科研课程实施管理办法（2019年修订版）》，仔细斟酌并拟定本课题研究计划，确立阶段研究目标，各研究成员明确分工、细化目标、责任到人。本课题从2019年2月立项开始，到2021年2月结束，周期为两年，研究工作分四个阶段进行。第一阶段：研究准备阶段（2018年9—12月）；第二阶段：研究实施阶段（一）（2019年1—12月）；第三阶段：研究实施阶段（二）（2020年1—12月）；第四阶段：研究结题阶段（2021年1—2月）。

（三）加强理论学习，助推课题研究实践

教育资源整合是农村偏远山区学校（教学点）教育改革的重要内容，教育资源的有效整合优化，主要取决于设备、学生、师资、课程的合理整合优化。加强教育理论学习，便于优化整合农村偏远山区教学点教育资源。教育科研课题研究，并非经验的提炼，而是对教育教学过程中的困惑通过反复探究实践，寻求解决办法的一个过程。解决问题务必要有理论作支撑，对搞课题研究的人来说，必须加强理论学习，尤其像农村偏远教学点这种条件不是特别优裕的学校，就更要加强理论学习。在这种理论指引下，我们把与课题有关的书籍尽数搜集，然后集体学习、相互传阅，并且，学习活动一如既往、永不停止。

（四）研读政策，制定相关制度，开展行动研究

课题组在研究的准备阶段，认真组织成员研读国家、省、市相关政策文件，在上级教育政策的指导下，制定相关制度，为进一步开展行动研究打下坚实基础。在新课程改革中，落实教育资源整合，优化课堂结构，务必从学校实际出发，遵循学校发展需要，结合"以人为本"理念，研制资源整合行动方案，才能真正落实教育资源整合的本质意义和价值，为此，课题组在全镇学校推行新课程改革的基础上，完善了《贵子镇偏远面上小学（教学点）教育资源整合，优化课堂教学结构实施方案》，设计了《贵子镇偏远面上小学（教学点）教育设备资源整合方案》《贵子镇偏远面上小学（教学点）学生资源整合方案》《贵子镇偏远面上小学（教学点）教师资源整合方案》和《贵子镇偏远面上小学（教学点）信息资源整合方案》，制定了《贵子镇偏远面上小学（教学点）教育资源整合，优化课堂教学结构制度》等一系列偏远面上小学（教学点）教育资源整合操作实施制度，建立偏远面上小学（教学点）教育资源整合长效机制，基本形成偏远面上小学（教学点）教育资源整合操作流程和管理体系，这是下一步研究的重要保证。

在开展行动研究的过程中，课题组每学期定期组织开展片区（贵子片、函关片、中伙片）联盟教研活动，制定活动安排表，安排课题组成员每学期至少上一节教研课，组织片区同级科教师听课评课；利用中心小学录播室专

勇闯课题之山

递课堂，向全镇推送优质课、示范课，实现课堂共享和同课异构；邀请县教育专家开展专题讲座，传授教育教研及管理理论；课题组进入学校，对学校进行教育教学管理诊断，开展调研活动。

（五）大量的材料搜集与整理

通过网络，大量搜集新课程背景下农村偏远面上小学（教学点）教育资源，进行整合，优化课堂教学结构实施的现状，结合我镇学校实际对比分析，考察因地域差异、学校环境等因素，以及由于教育教学设备使用率低、师资分配不合理和信息技术落后等因素，导致农村学校，特别是偏远面上小学（教学点）教育教学设备闲置、课堂教学结构不合理、学生课业负担和教师工作负担均过重、师资力量薄弱等现象，探索切实可行的策略，建立整合教育资源长效机制，确保农村学校，尤其是偏远面上小学（教学点）整合教育资源，优化课堂教学结构有序进行，有效促进学校管理及教育教学水平的提高。

三、已取得的阶段成果

（一）理论成果

1.探究新思想，改变新理念

探索农村学校教育资源整合新路子，激发学校创新教育教学管理理念，转变学校教育教学管理观念。

本课题研究旨在整合农村学校，尤其是农村偏远面上小学（教学点）教育资源，合理优化课堂教学结构，提高学校教育教学管理水平和质量，引起教育主管部门、学校及教师的高度重视。课题研究任务重，教师参与面大（充分发动班主任、任课教师）、涉及范围广（全镇学校），课题研究已经影响到全镇的所有教师，激发了学校领导、教师和学生对教育资源整合、优化课堂教学结构的认识，教育观念、学校管理观念也正在发生变化。学校无论是设备资源、学生教师资源还是课程资源、信息资源，都牵涉学校教育资源整合与优化，全镇所有学校为课题组提供课例案例，积极支持和帮助此课题研究，为此课题研究提供了坚实的基础和保障。

2.明确整合学校教育资源，优化课堂教学结构策略

教育资源的整合，主要是整合农村，特别是农村偏远山区面上小学（教学点）的设备、学生、教师与信息资源等，以达到充分合理利用教育资源、杜绝浪费、实现偏远教学点与镇区教育资源共享，让农村面上小学（教学点）与镇区学校均衡发展。结合偏远教学点学生、教师人数少的特点，通过整合学生、教师资源，合理利用信息技术，调整课程设置，优化课堂教学结构，提高课堂教学效率，减轻学生学习与教师工作负担。

3.基本建立教育资源整合操作流程，形成资源整合管理体系

根据《贵子镇偏远面上小学（教学点）教育资源整合，优化课堂教学结构实施方案》和《贵子镇偏远面上小学（教学点）教育资源整合，优化课堂教学结构制度》及有关制度，成立了"贵子镇偏远面上小学（教学点）教育资源整合，优化课堂教学结构工作领导小组"，根据学校实际情况，形成了"制定方案制度—确定整合目标—强化宣传引领—落实整合优化措施—开展整合优化实践—经验成果管理"基本流程和体系。

（二）已发表或获奖论文、教学设计、课堂教学实例等情况

1.余家灿校长（课题组主持人）

课题组主持人余家灿校长主持的课例及相关内容，如表1所示。

表1　余家灿校长主持的课例及相关内容

序号	成果项目（名称）	级别	时间
1	教学论文《语文学习方式的现状及应对策略》发表	《小学教学参考》（省级）	2019年9月
2	德育论文《偏远山区教学点教师队伍的建设策略》发表	《师道》（省级）	2020年9月
3	教学论文《读出古诗的韵味》发表	《小学语文教学》（省级）	2021年1月
4	专题讲座《个人专业发展规划》	市级	2018年12月
5	专题讲座《新课改形势下的备、教、练》	市级	2019年4月
6	专题讲座《山区小学教师队伍建设的现状与思考》	市级	2019年6月

勇闯课题之山

序号	成果项目（名称）	级别	时间
7	专题讲座《农村学校如何开展精细化管理》	市级	2019年6月
8	专题讲座《做新时代的魅力教师》	市级	2019年7月
9	专题讲座《偏远山区教学点校本教研的困惑与对策》	市级	2019年12月
10	专题培训《校长的角色素养与学校管理构建》	市级	2020年8月
11	教学设计《陆羽与〈茶经〉》获信宜市一等奖	县级	2019年7月
12	课例《永生的眼睛》被评为优课	县级	2019年9月
13	教育系统先进事迹专题讲座《用心用力燃起山区人民教育情》	县级	2019年11月
14	教学论文《读出古诗的韵味》获一等奖	县级	2020年7月
15	《信息技术与构建语文乐学课堂整合研究》获教学成果一等奖	县级	2020年7月

2.许国焱校长（课题组成员）

课题组成员许国焱校长主持的课例及相关内容，如表2所示。

表2 许国焱校长主持的课例及相关内容

序号	成果项目（名称）	级别	时间
1	课例《守株待兔》被评为优课	市级	2019年8月
2	德育论文《用真爱去浇灌，让山花更绚烂》获一等奖	县级	2019年6月
3	教学设计《桂林山水》获二等奖	县级	2019年7月
4	课例《守株待兔》被评为优课	县级	2019年9月
5	课例《台湾蝴蝶甲天下》获二等奖	镇级	2018年12月

3.张世海校长（课题组成员）

课题组成员张世海校长主持的课例及相关内容，如表3所示。

表3 张世海校长主持的课例及相关内容

序号	成果项目（名称）	级别	时间
1	教学设计"雷雨第二课时"获奖	县级	2019年7月
2	课例"走进丽江"被评为优课	县级	2019年8月

4. 刘兴嘉老师（课题组成员）

课题组成员刘兴嘉老师2019年12月的课例"求解一元一次方程"获一致好评。

四、遇到的困惑与困难

（1）目前，课题材料搜集量大、面广，还存在分类模糊现象，导致归纳整理上的错漏。需结合相关理论，认真分析前阶段课题研究中的细节，减少课题研究中的无用功。

（2）课题研究虽取得了一定成果，并在全镇推广运用中收到成效，但对农村偏远山区教学点教育资源整合缺乏科学合理的法理支撑，在难以量化、无法搜集到明显证据材料的评价项目等方面还存在很大盲点，导致问题分析受阻。

（3）课题研究人员的研究意识有待加强，研究技术和能力还需强化培养，这给课题研究进展带来一定影响，需让其尽快熟悉相关业务与情况。另外，参与课题研究学校（教学点）的教师研究热情不够高，在一定程度上制约着课题研究的开展。

（4）整合农村偏远山区教学点教育资源，优化课堂教学结构未能与当前课改和教育教学管理有机结合，研究成果未能很好地应用到教育教学实践中，还需主管部门根据学校发展的需要，力求为高效合理地利用教育教学资源、科学合理地设置课程、科学有序地推进素质教育、切实减轻学生与教师负担，在尽力考量区域性影响的情况下，制定较为公平合理的政策，拟建立统一的标准和要求，落实教育资源整合，让农村偏远山区教学点教育资源整合真正发挥其价值和作用。

（5）学校虽对此课题研究相当重视，给予了各方面的支持，但农村学校的实际情况，给课题研究带来的困难和挫折是不言而喻的。

五、课题研究下一阶段推进计划

本课题还有一年的研究时间，在这段时间里，我们打算从以下四个方面

勇闯课题之山

来实践课题。

（1）继续深入学习理论，深入思考，提升研究能力。

（2）认真制订课题计划，撰写课题案例、与课题有关的教育叙事以及和课题有关的论文。

（3）分析汇总，总结提升，重点突破，以点带面，不断调整充实研究计划。

（4）努力实践，不断反思，在不断研究中继续探索，形成农村偏远山区教学点教育资源整合的研究报告。

六、主要创新点

本课题立足于优化农村偏远山区教学点课堂教学结构的规范化操作，挖掘农村偏远山区教学点教育资源，将其进行合理科学有效地整合，优化农村偏远山区教学点课堂教学结构。从整合教育资源入手，探索优化农村偏远山区教学点课堂教学结构的基本流程，基本形成"整合教育资源—合理科学利用教育资源—优化课堂教学结构"的教育教学管理体系。

七、预期研究成果

《"农村偏远山区教学点教育资源整合的研究"课题研究报告》。

"农村偏远山区教学点教育资源整合的研究"成果报告

教育均衡发展是当前中国基础教育发展的战略性问题。我国农村人口众多，农村教育的兴衰成败关乎中华民族伟大复兴大业，在我国实现第二个百年伟业途中只有提供足够的人才，才能起到"基石"的支撑作用。

目前，农村偏远山区教学点人口稀少、生源流失严重，山区孩子很难享受到优质的教育资源。据网上资料显示：广东省共有小学教学点5919个，在校学生约42.98万人。而在这些小规模学校中，在校生人数不足100人的有4298所，不足50人的有2738所，不足20人的有1169所。

在农村"空心化"现象日益严重的今天，如何打通农村教育的"最后一千米"，缩小城乡教育差距，促进农村基础教育优质均衡发展，助力乡村振兴，发挥应有的教育担当，是广大教育同人向社会交出"满意答卷"必须回答的思考题。

一、解决的主要问题

本课题致力于农村偏远山区教学点教育资源整合的研究，创新山区教学点联盟教研模式，解决中小学布局调整后农村偏远山区教学点的"后遗症"问题。

（1）构建"四级联动"联盟教研模式，解决教学点校本教研"软无力"

勇闯课题之山

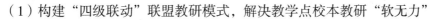

问题。

（2）探索"四马齐驱"教师成长体系，消除教师"躺平"心态，推动教师素质整体提升问题。

（3）优化学校教育资源配置，促进学校优质均衡发展问题。

二、解决问题的过程和方法

（一）探索启动，构建教学点联盟教研模式体系（2015—2019年）

1. 建立"教研小联盟"

针对山区教学点分散、学生人数不足、学科教师人数少、校本教研难以正常开展的实际问题，项目组提出了构建学校"教研小联盟"的设想。以信宜市贵子镇为研究基地，将14个教学点分为迴龙、贵子、函关、中伙4个教研片区，引导镇内相邻的3～4所小学结盟同研，并在每个"小联盟"中选出一所教研基础较好的学校作为"火车头"（示范学校），带动"教研小联盟"内其他教学点（培育学校）"并驾齐驱"，实现以研强校。如图1所示。

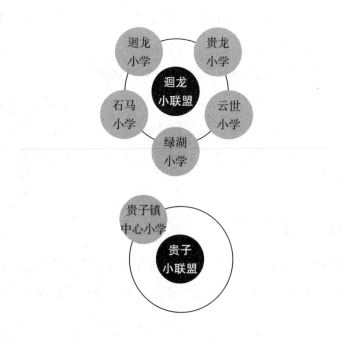

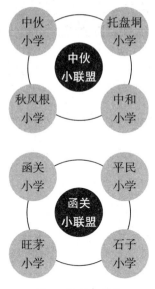

图1　教研小联盟

2.以"小联盟"推进"大教研"

做法：一是每周一教研，由"小联盟"内不同的教学点负责分学科、分学段组织教师集体备课；二是每月一联动，由"小联盟"学校轮流当好"东道主"，负责分学科、分学段组织开展公开教研活动，各教学点以"派任务""压担子"的方式选派教师参加公开课教学，参与执教公开课的教师由各学校颁发荣誉证书；三是每期一展示，由在每月"小联盟"内教研活动中表现突出的教师，集中在"小联盟"示范学校参与课堂教学展示，供镇内教师观摩学习，并由镇中心学校颁发优秀课例荣誉证书；四是每年一竞技，镇中心学校确定每年5月开展"十佳课例"评选活动，由各"小联盟"推荐"优秀选手"同台比武，评选出优秀代表参与送课下乡、成果推广或市以上技能大赛（见表1、表2）。

勇闯课题之山

表 1　贵子镇 2020—2021 学年第一学期分片区联盟教研活动授课信息汇总

联盟学校	轮次	科目	活动时间	活动地点（承办学校）	活动内容安排						第3节	参会人员
					第1节			第2节				
					执教者	执教者所在学校	教学内容	执教者	执教者所在学校（协办学校）	教学内容		
中伙片区：托盘、桐、中伙、中和、秋风根	第二轮	英语	2020年11月24日上午	秋风根	曹灿英	秋风根	三年级：Module 9 Unit 2 He's a doctor	张金玲	中和	五年级：Module 9 Unit 2 I feel happy		相应学科教研员，同一片区相应学科全体教师，承办和协办学校教学主任等
	第二轮	数学	2020年11月25日上午	中和	罗桂明	中和	四年级：正负数	曹晓玲	中伙	一年级：古人计数		
	第二轮	语文	2020年11月26日上午	中伙	刘锦琼	中伙	五年级：22.四季之美	陈昌城	秋风根	一年级：比尾巴		
函关片区：平民、函关、石子、旺茅	第二轮	语文	2020年11月23日上午	平民正校	罗燕玲	平民	一年级：比尾巴	刘世凤	石子	二年级：21.狐假虎威	评课、讲座	校教学主任等（相应教研员为活动召集人，承办学校教导主任为主持人）
	第二轮	英语	2020年11月25日上午	石子	叶春秀	石子	三年级：Module 9 Unit 1 This is my mother	林　静	函关	五年级：Module 7 Unit 2 The little girl can't walk		
	第二轮	数学	2020年11月26日上午	函关	潘冠宏	函关	二年级：分香蕉	曾　军	平民	一年级：认识图形		

活动内容安排

联盟学校	轮次	科目	活动时间	活动地点（承办学校）	第1节 执教者	第1节 执教者所在学校	第1节 教学内容	第2节 执教者	第2节 执教者所在学校（协办学校）	第2节 教学内容	第3节	参会人员
贵子片区：贵子镇中心小学	第二轮	数学	2020年11月23日上午	贵子小学	张文娟	贵子小学	六年级：比的化简	王业丽	贵子小学	一年级：认识图形	评课、讲座	相应学科教研员，同一片区相应级科全体教师、承办学校协办学校教导主任等（相应教研员为活动召集人，承办学校教导主任为主持人）
	第二轮	语文	2020年11月24日上午	贵子小学	刘瑞娇	贵子小学	六年级：24.少年闰土	曹萍	贵子小学	二年级：狐假虎威		
	第二轮	英语	2020年11月26日上午	贵子小学	邱金凤	贵子小学	六年级：Module 9 Unit 2 I want to go to Shanghai	陈燕强	贵子小学	三年级：Module 9 Unit 1 This is my mother		
迴龙片区：迴龙、贵龙、石马、云世、绿湖	第二轮	英语	2020年11月23日上午	云世	陈妃	云世	五年级：Module 8 Unit 1 What time does your school start	王尧坚	绿湖	四年级：Module 9 Unit 1 Are you going to run on sports day?		
	第二轮	数学	2020年11月24日上午	绿湖	曹信宁	绿湖	五年级：分饼	陈凤	迴龙	四年级：除法：买文具		
	第二轮	语文	2020年11月25日上午	贵龙	刘海萍	贵龙	五年级：四季之美	周美琼	云世	一年级：青蛙写诗		

勇闯课题之山

说明：

1. 请各学校根据表1安排，优先推荐课改实验教师参加分片联盟教研活动，且于2020年9月21日前填好表1中每一轮的执教者和执教年级，并把电子表格发送至镇中心学校邮箱。如遇授课班级冲突，镇中心学校届时会作适当调整，并在第一时间告知相关学校。

2. 每次联盟活动内容安排：时间半天，当天上午第1、2节分别由承办学校和协办学校的教师各上1节研讨课，第3节集中评课，开展讲座（第三片区的执教者全是本校教师）。

3. 请各执教教师提前3个工作日，跟承办学校联系好教学进度，确定教学内容后，承办学校第一时间把该轮的授课信息汇总表发送至镇中心学校邮箱。

4. 请各学校必须发挥教研团队力量，共促教师加强研课，并于活动当天为听课教师提供"三案合一"的教学设计，每人一份。

5. 各校量化考评教师时，请对分片联盟教研的执教教师，按镇级公开课标准给予加分。

6. 请各承办学校提供活动当天与会人员的午餐。

7. 镇中心学校拟于2021年春季学期举办贵子镇"十佳课例"评选活动，参赛对象原则上会在参加本次分片联盟教研的优秀者中产生，届时会详细布置。

表2 贵子镇2021年小学教师课堂教学展示暨"十佳课例"评选活动各选手教学内容

数学

参赛选手	执教年级	执教内容	课型	比赛时间	承办学校
封利明	六年级	运算律	复习课	5月19日上午至20日上午	比赛地点：贵子镇中心小学
张文娟	六年级	复习试卷的评讲	复习课		
张万连（中伙）	四年级	解方程（二）	新授课		
陈世琼（秋风根）	一年级	图书馆	新授课		

英语

参赛选手	执教年级	执教内容	课型	比赛时间	承办学校
彭金颖	六年级	Module 10 Unit 1 We're going to different schools	新授课	5月20日下午至21日下午	比赛地点：贵子镇中心小学
邱金凤	六年级	Module 9 Unit 1 Best wishes to you!	新授课		
杨庆年（中和）	四年级	Module 8 Unit 2 I took some pictures	新授课		

语文

参赛选手	执教年级	执教内容	课型	比赛时间	承办学校
谢清秀	五年级	21.杨氏之子（第二课时）	新授课	5月25日上午至26日上午	比赛地点：函关小学
梁萍	四年级	22.古诗三首《墨梅》（第二课时）	新授课		
张国娟（中伙）	二年级	22.小毛虫（第二课时）	新授课		
刘锦琼（中伙）	五年级	22.手指（第二课时）	新授课		

勇闯课题之山

续表

数学

参赛选手	执教年级	执教内容	课型	比赛时间	承办学校
曾军（平民）	四年级	解方程（二）	新授课	5月19日上午至20日上午	比赛地点：贵子镇中心小学
郭委平（函关）	五年级	《确定位置（一）》	新授课		
吕腾珍（画龙）	三年级	分一分（一）	新授课		
吕媛（云世）	三年级	分一分（一）	新授课		

英语

参赛选手	执教年级	执教内容	课型	比赛时间	承办学校
叶俏（函关）	四年级	Module 9 Unit 1 Did he live in New York?（第一课时）	新授课	5月20日下午至21日下午	比赛地点：贵子镇中心小学
林静（函关）	五年级	Module 10 Unit 1 Where are you going?（第二课时）	新授课		
陈妃（云世）	五年级	Module 8 Unit 2 I made a kite（第二课时）	新授课		
王尧坚（绿湖）	四年级	Module 8 Unit 1 They sang beautifully（第二课时）	新授课		

语文

参赛选手	执教年级	执教内容	课型	比赛时间	承办学校
凌清笑（函关）	五年级	21.杨氏之子（第二课时）	新授课	5月25日上午至26日上午	比赛地点：函关小学
刘世凤（石子）	一年级	21.小壁虎借尾巴（第二课时）	新授课		
梁天桥（绿湖）	二年级	23.祖先的摇篮（第二课时）	新授课		
黄富颖（贵龙）	三年级	25.慢性子裁缝和急性子顾客（第二课时）	新授课		

说明：

请各选手于赛课前一天［分别是5月18日（数学）、19日（英语）、24日（语文）］下午3：30，集中到承办学校抽上课顺序签、赛课执教班级签及安装课件（承办学校的选手原则上在非原任教班级赛课）。

近年来，信宜市贵子镇坚持做到每周一集备，每月一活动，每期一展示，每年一比武，实现各教学点校本教研覆盖率、参与率达100%。形成了"校内磨课—片区联动—联盟展示—镇级推广"的"四级联动"联盟教研模式，如图2所示，有效解决了山区学校校本教研"软无力"问题，达到了"成熟一校，辐射一片"的效果。

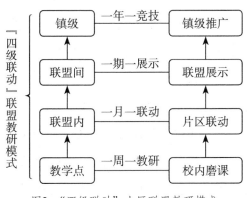

图2 "四级联动"山区联盟教研模式

（二）实践发展，深化教学点联盟教研模式运用（2019—2020年）

1. 整合课程资源，特色课程共学

在课程资源整合方面，科组组织教师将学校体艺类课程、校本课程、特色课程等融汇整合，尝试将体育、音乐、书画等课程"合班（校）为一"，由具有学科特长的教师统一授课，并定期组织体艺术类教师开展"送教到校"援教活动。

2. 整合教师力量，优质资源共享

由于山区教学点难以配齐音乐、体育、美术、信息技术、科学等专任教师，因此，一方面，镇中心学校应在教师配置上通盘考虑，确保每个"小联盟"的示范校每科至少配备一名音乐、体育、美术、信息技术、科学的专任

教师，由专任教师以走教的形式带领非专任教师担负起"小联盟"内各教学点的教学任务。从镇级层面对走教的教师在职称推荐、评优评先等方面予以优先，并在后勤上给予保障。另一方面，开办专递课堂，每月分周次组织镇级教研团队为各教学点授课，让山区儿童参与线上学习、互动，享受优质的课堂资源。

3.头雁理念领航，群雁同频共进

每个"小联盟"选派的学科骨干教师或学科带头人每周要组织学科教师进行业务学习（包括课标学习、备课上课、课件制作、作业设计、过关练习、课外辅导等），带领教师提高业务水平。一是利用镇中心学校联系好市内优质学校，每月派出"小联盟"选派的学科骨干教师或学科带头人到市内优质学校学习培训、跟岗研修，更新教学理念，学习先进理念，提高业务能力；二是"学成归来"后，选派的学科骨干教师或学科带头人在"小联盟"内"按葫芦画瓢"上好示范课，供"小联盟"学科教师观摩学习；三是由骨干教师（或学科带头人）与联盟内同科目教师实行"1＋2（N）手牵手"同频共振工程，每年以"清单式"派任务的方式由骨干教师指导好"牵手"教师上好一节以上示范课；四是开展"小联盟"之间赛课活动，推荐优秀教师参加市级以上技能大赛，并把优质课推荐到各级教育资源平台参评，让教师在学习、模仿、实践的过程中成长，以达到"一枝独秀不是春，百花齐放春满园"的效果。

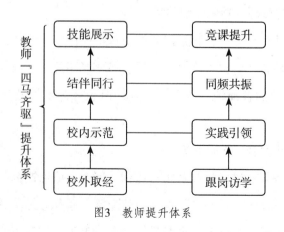

图3 教师提升体系

近年来，贵子镇以"四马齐驱"的做法，如图3所示，消除了山区教师的"躺平"心态，推动教师队伍整体提升，达到了"成长一人，带动一批"的目的。

（三）应用提升，推广教学点联盟教研模式成果（2020年至今）

为推广应用"联盟教研模式"，解决"城镇强、乡村弱"的突出问题，项目组在"教研小联盟"的基础上，在信宜市教育教学研究室的大力支持下，组织了来自市直小学和各乡镇（校）的46位教师以送课下乡的形式，分别到信宜市东部的钱排镇、北部的贵子镇、中部的怀乡镇和洪冠镇、西部的北界镇和玉都街道等教学点开展成果推广，并在茂名市教师继续教育中心的组织下，以省市名师（校）工作室为平台，在茂名信宜、高州、电白等山区乡镇教学点广泛推广，受到一致好评，其学术效应正在南粤大地生根发芽。建立起城乡结合、镇间联动、校校联手的教研合作模式，以"区域联动"助推乡村教育优质均衡发展。通过教师培训、学术交流、教研互动、赛课比武、质量评比、总结分析等有效途径，形成有特色、有创新、有内涵，常态化、制度化、多元化的合作模式，进一步扩大优质教育资源的辐射作用。

三、成果应用及效果

（一）激发山区校本教研活力

自开展"农村偏远山区教学点教育资源整合的研究"以来，在长达8年多的研究时间里，在教研强师、教研强校、教研提质等方面取得了丰硕成果。课题组以贵子镇各小学为研究实践基地，针对山区小学教师资源紧缺，校本教研动力不足、质量不高的情况，"对症下药"，为山区教师搭建了集体备课、分科研讨、共同提高的成长平台。"联盟教研"的内外双轮驱动模式有效地激发了山区学校校本教研的活力，不仅帮助学校教育教学质量更上一层楼，还成为一种可参考、可复制的教师发展模式，在全市广泛推广。

独行者疾，众行者远。区域教育资源的协调共享，让乡村教学点"抱团成长"；致力于优化区域教育资源，对师资、设施、课程资源等进行整合，以教研为抓手，突破乡村教育发展瓶颈；破解各学校教研"软无力"的难

勇闯课题之山

题，同时为教师创造比、学、赶、帮、研的机会。

（二）推动农村教师整体成长

著名教育家、华东师范大学教育学终身教授叶澜曾说："新基础的教师，既是创造者，又是学习者；既是教育者，又是研究者。"为广泛提高联盟区域教师业务水平，课题组把"教研强师"列为一项重要研究内容，树立了"成长一人，带动一批"的工作思路，通过"走出去，请进来；搭平台，压担子"的方式促进教师专业成长。

一是走出去。通过选派学科教师到佛山、东莞、珠海等教育发达地区进行跟岗学习，吸纳先进经验，潜移默化中改变其教育思维。

二是请进来。中心学校主动邀请省、市名师（专家）或骨干教师到乡村学校开展业务指导（包括备课、磨课、上课、评课等），并在名师名校的指导下，让教师上好一节公开课或开好一个讲座。

三是搭平台。为教师搭建教学展示、课例比赛、课题研究的广阔平台，对表现突出的教师优先考虑职称推荐、评优评先。

四是压担子。以镇为单位建立学科骨干教师人才库，常态化开展"手牵手、一帮一"活动，带动联盟内教师业务水平的整体提升。

在"联盟教研"雨露的滋润下，余家灿不仅成为"广东省名校长工作室主持人"，还获评"茂名市第九批市管优秀专家及拔尖人才"，工作室有多名学员成长为广东省特级教师、名教师、名校长。成员邱鑫获得全国优秀教师称号，邱鑫、周金丽获得广东省特级教师、茂名市名教师等荣誉称号，参与实践研究的张冬娇老师获得南粤优秀教师称号，张小鹏校长被评为茂名市名校长；一大批教师在研究中脱颖而出。"联盟教研"已成为学生的"生物园"，教师的"加油站"，学校的"助推器"，其"蝴蝶效应"成效显著。

（三）提高农村学校办学质量

"联盟教研"的种子在山区小镇生根发芽，充分调动了全镇师生的积极性，在教师乐研、学生乐学的氛围中，乡村学校迎来悄然蜕变。乡村学校携手共进，教学质量得到了显著提升。片区内贵子镇迴龙小学、云世小学、函关小学连续三年在教学质量评比中取得骄人成绩；贵子镇整体教学质量也实现了跨越式发展。近年来，在信宜市乡镇小学教学质量考评中，过去教育质量评价经常在市内后进队列徘徊的山区小镇实现蜕变：2018年以来，贵子镇教学质量实现跨越式提升，2021年贵子镇小教支部被评为"信宜市先进基层党组织"。2020年以来，信宜市参与"联盟教研模式"成果应用的山区乡镇教育教学质量获表彰情况，如表3所示。

表3　山区乡镇教育教学质量获表彰情况

镇别	2020年	2021年	2022年
贵子镇	市二等奖	市三等奖	市第13名
洪冠镇	市一等奖	市二等奖	市第3名
怀乡镇	市三等奖	市二等奖	市第6名
钱排镇	市二等奖	市二等奖	市第7名
北界镇	市二等奖	市二等奖	市第13名

（四）发挥辐射示范引领作用

课题成果在贵子镇的落地开花促进了贵子镇教育事业的蓬勃发展，教学质量犹如芝麻开花——节节高，得到了各级党政领导和教育主管部门的充分肯定，及当地干部群众的一致好评，还得到了广大家长、师生的一致赞誉，吸引了来自信宜市的怀乡、池洞、水口等乡镇前来交流学习。2018年4月3日，时任信宜市怀乡镇党委书记的周勇同志，亲自带领怀乡镇教育分管领导、中小学校长，在贵子镇党政领导的陪同下，莅临贵子镇中心学校交流研讨；2021年12月25日，信宜组工以《山区教育"实干家"——记贵子镇中心学校校长余家灿》为题，宣传了"联盟教研"的"金点子"和办学的优秀事迹；2023年6月，国家级期刊《教育家》杂志以《余家灿：构建教研联盟，共谱山区教育新篇》为题，刊登了"山区联盟教研"的创新成果；2020年9月，课题论文《偏远山区教学点教师队伍的建设策略》在《师道》（教研版）上发表。此外，余家灿校长于2019年6月24日和2019年12月12日，分别为学员作了《山区小学教师队伍建设的现状与思考》和《偏远山区教学点校本教研的困惑与对策》的专题讲座；2021年11月25日，在信宜市中小学校教学管理能力提升培训会上，作了《山区科研强校的探索与实践》的讲座，全

勇闯课题之山

市中小学管理干部2200多人参加了培训；2022年12月5日和2022年12月9日，在广东省"粤东粤西粤北地区全员轮训小学骨干校长培训项目"中，为100多名骨干校长作了"教师专业成长的困惑和路径"的经验分享；还多次应邀到高州市荷花镇，电白区霞洞镇、林头镇，信宜市北界镇、怀乡镇，信宜市十小、十一小等地作成果分享，开设讲座共26次。可以说，"联盟教研模式"的研究成果正在南粤大地上生根发芽，惠及莘莘学子，其"蝴蝶效应"正在祖国大地上开花结果。

四、成果创新点

（一）创设"四级联动"模式，解决校本教研"软无力"问题

"农村偏远山区教学点教育资源整合的研究"是针对中小学布局调整后的"后遗症"开出的"良药"，以信宜市贵子镇为研究基地，在历时8年的研究过程中，针对山区小学教师人数少、校本教研"软无力"的状况，"对症下药"，以"小联盟"推动"大教研"。参与成果推广的信宜市内的贵子、怀乡、池洞、洪冠、北界等山区乡镇，市外的高州市荷花镇、电白区林头镇等乡镇学校均呈现出"学校乐于组织，教师乐于研讨，学生乐于学习"的"群雁齐飞"可喜局面，有效地激发了山区教学点校本教研的活力，优化了提升学校教学质量的土壤，加快了农村学校优质均衡发展。

（二）构建"四马齐驱"体系，推动教师素质整体提升

在长达三年多的研究和实践中，项目组结合实际，以教研"小联盟"推动教师大提升。每学期除成员参与试验课研讨外，还在镇内筛选了50名青年教师参与不少于两轮的课题研讨活动，累计执教试验课103节，每节课均围绕研究内容开展。因而，教师在备课、磨课、上课、评课和二次磨课的不断修正过程中提高了专业素养。据不完全统计，2018年以来全镇教师撰写的86篇论文在省级以上刊物发表，42节课例（含优课、教学设计、讲座）获省、市级以上奖励；165节课例（含优课、教学设计）获市级以上奖励。2017年至2022年，教师共立项了30项省、市、县级课题，参与课题研究的教师达180多人次，参与率达66.6%，教师副高、一级职称评选通过率均在75%以

上。全镇教师在课堂实践、课例评选、课题研究中得到成长，教师整体水平得到提高。

五、反思与展望

教育资源整合是一个大概念，它涵盖的内容多、范围广，本成果仅针对困扰偏远山区教学点的"校本教研"和"师资成长"领域进行了研究，未能面面俱到，处处出彩。诸如学生资源整合、校本课程开发、教学资源优化等都会对教育的优质均衡发展产生不可估量的影响，具有很高的研究价值。另外，本成果的研究还应继续向纵深发展，就成果推广应用而言，可以继续向市内外、省内外偏远教学点推广应用，以惠及千校万生，为打通农村教育的"神经末梢""践行初心使命"以及农村教育优质均衡发展贡献应有的智慧。

勇闯课题之山

"农村偏远山区教学点教育资源整合的研究"成果公报

一、课题研究的指导思想、理论基础

《国家教育事业发展"十三五"规划》指出，加强农村学校布局规划。在交通便利、公共服务成型的农村地区合理布局义务教育学校。针对地广人稀地区、山区、海岛等特殊困难地区人民群众的就学需求，合理布局并办好一批寄宿制学校、边境地区学校，保留并办好必要的小规模学校和教学点，努力保障学生能够就近入学、接受有质量的教育。合理制定闲置校园校舍综合利用方案，优先用于教育事业发展。

我国农村人口众多，农村教育的成败在实现中华民族伟大复兴、全面建设小康社会的伟业中起着举足轻重的作用。发展农村教育、办好农村学校是提高我国人口素质、推动农村经济与社会发展的基础工程。多年以来，由于大量农村人口外迁，农村学龄人口逐年减少，20世纪90年代之前山村小学的那种热闹场景在农村教学点再难呈现，给人一种"门前冷落车马稀"的萧条感觉。在此背景下，教育部门实行了中小学布局调整，偏远学校高年级学生集中到中心小学就读，导致镇区中心小学"人满为患"，乡村教学点"人去楼空"，生源逐年减少。过去的教育模式已不适应新形势的农村教育，加之"讲究效率"的教育实施与目前中国农村教育资源浪费严重的矛盾，因而对目前山村小学教育资源进行整合非常必要。

二、课题研究的主要内容和研究方法

（一）课题研究的内容

所谓"整合"就是把零散的东西彼此衔接，从而实现信息系统的资源共享和协同工作，形成有价值、有效率的一个整体。本次研究的教育资源整合包括人力资源、硬件设施、课程资源。

（1）整合设备资源，提高使用效率的研究。

（2）整合学生资源，促使师资共享的研究。

（3）整合课程资源，合理优化课程的研究。

（4）整合信息资源，促进教师成长的研究。

（二）课题研究的方法

（1）文献研究法。

（2）调查研究法。

（3）行动研究法。

（4）经验总结法。

三、课题研究取得的主要成果

在为期三年的课题研究中，课题组针对"整合设备资源，提高使用效率的研究""整合学生资源，促使师资共享的研究""整合课程资源，合理优化课程的研究""整合信息资源，促进教师成长的研究"等内容，以茂名市余家灿名校长工作室为技术支撑，以信宜市贵子镇小学为研究基地进行了全面研究。重点探索出"偏远山区教学点教师队伍的建设策略"的研究成果，形成了"山区小学联盟教研模式"，达到了"整合资源"的目的，实现了"教研强师""教研强校""教研提质"的预期目标。

四、研究成果推广的范围

"要强校，先强师；要强师，先强研"，但对山区小学来说，由于学生人数少，师资力量有限，正常开展教研活动困难重重，这也制约了学校教

勇闯课题之山

学水平的提高。面对此难题，课题组根据山区学校实际情况，于2018年在全镇开展片区联动教研试验活动。把全镇14所小学分为"贵子""中伙""函关""迥龙"四个教研片区（每个片区3～4所小学），每个片区的学校校长担任联动教研组长，负责统筹联盟教研学校的教研活动，每月由片区内学校轮流组织语、数、英联盟科研组（由片区内对应教师组成）集体备课，每月由主办学校和联盟学校教师分别上一节研讨课，片区内学校同科目教师参加听课评课，有效破解了面上小学教研"少动力，难开展"的教研难题，探索了山区学校"联盟教研"之路，为山区教师创造了比、学、赶、帮、研的学习机会。

为把课题成果在全市推广，课题组争取市教育局的支持，已经在信宜市池洞镇、朱砂镇、怀乡镇、贵子镇推广"教研联盟模式"，课题成果的学术雨露正在润物无声地滋润着玉都大地，惠及莘莘学子。

五、研究成果取得的社会效益

本课题研究成果推广后，信宜市贵子镇小学教学质量快速提高：小考成绩从2017年乡镇的第13名上升到2018年的第8名，2019年又上升到第3名；2020年上升到全市乡镇第2名，小学教育质量综合评价列全市第4位，获得了以研强师、教研提质的社会效益。

六、主要研究成果目录

成果名称、形式、字数、出版单位或发表刊物名称、出版或发表日期，如表1所示。

表1 主要研究成果

成果名称	作者姓名	成果形式	完成时间	出版（获奖）单位发表刊物名称、刊号
《偏远山区教学点教师队伍的建设策略》	余家灿	论文	2020年9月	《师道》ISSN1672-2655 GN44-1299/G4

成果名称	作者姓名	成果形式	完成时间	出版（获奖）单位发表刊物名称、刊号
《读出古诗的韵味》	余家灿	论文	2021年1月	《小学语文教学》ISSN1004-6720 CN14-1016/G4
《语文学习方式的现状及对应策略》	余家灿	论文	2019年9月	《小学教学参考》ISSN1007-9068 CN45-1233/G4
《情感在小学阅读教学中的作用》	张世海	论文	2019年4月	《广东教学报》GN44-0702/F
《农村小学如何开展特色教育》	张世海	论文	2019年7月	信宜市2019年优秀教学论文一等奖
《多媒体技术在小学语文教学中的有效运用——以粤西偏远山区教学为例》	雷燕青	论文	2020年6月	《新课程》ISSN1673-2162
《农村小学班级管理的有效性研究》	雷燕青	论文	2020年8月	茂名市2020年德育论文二等奖 信宜市2020年德育论文一等奖
《打开山区小学生口语交际的话匣子》	雷燕青	论文	2020年7月	信宜市2020年优秀教学论文一等奖
《新课程视野下，如何培养学生思维能力》	邓沛	论文	2019年7月	信宜市2019年优秀教学论文一等奖
《关爱农村留守儿童是新时代教育的迫切》	邓沛	论文	2019年7月	信宜市2019年优秀教育论文一等奖
《用好信息技术提高山区小学语文课堂效率》	谢清秀	论文	2020年7月	信宜市2020年优秀教学论文一等奖
"信息技术与构建语文乐学课堂的整合研究"	余家灿	教学成果奖	2020年7月	信宜市教学成果一等奖
《新课改形势下的备、教、练》	余家灿	专题讲座	2019年4月	茂名市教师继续教育中心
《农村学校如何开展精细化管理》	余家灿	专题讲座	2019年6月	茂名市教师继续教育中心
《山区小学教师队伍建设的现状与思考》	余家灿	专题讲座	2019年6月	茂名市教师继续教育中心

勇闯课题之山

翻语文山 点育人彩

——育人理念下偏远山区语文教学的行与思

成果名称	作者姓名	成果形式	完成时间	出版（获奖）单位发表刊物名称、刊号
《偏远山区教学点校本教研的困惑与对策》	余家灿	专题讲座	2019年12月	茂名市教师继续教育中心
《校长的角色素养与学校管理构建》	余家灿	专题讲座	2020年8月	广东第二师范学院网络教育学院
《做新时代的魅力教师》	余家灿	专题讲座	2019年7月	茂名市教师继续教育中心
《个人专业发展规划》	余家灿	专题讲座	2018年12月	茂名市教师继续教育中心
《少年闰土》	余家灿	优秀课例	2020年12月	茂名市教师继续教育中心
《陆羽与〈茶经〉》	余家灿	教学设计	2019年7月	信宜市优秀教学设计评比一等奖
《永生的眼睛》	余家灿	优课	2019年9月	信宜市级优课
《守株待兔》	许国焱	优课	2019年8月	茂名市、信宜市级优课
"富饶的西沙群岛"	许国焱	优秀课例	2019年12月	茂名市教师继续教育中心
《桂林山水》	许国焱	教学设计	2019年7月	信宜市2019年优秀教学设计评比活动二等奖
《雷雨》	张世海	教学设计	2019年7月	信宜市2019年优秀教学设计评比一等奖
《走进丽江》	张世海	优课	2019年9月	信宜市级优课
"口语交际：长大以后干什么"	张世海	录像课	2019年12月	2019年信宜优秀录像课例评选活动一等奖
"识字2：传统节日"	雷燕青	优秀课例	2020年7月	2019—2020学年信宜市公开课优秀课例
"狐假虎威"	雷燕青	优秀课例	2020年12月	茂名市教师继续教育中心
"彩色的梦"	邓沛	优秀课例	2020年6月	2020年公开课优秀课例一等奖

成果名称	作者姓名	成果形式	完成时间	出版（获奖）单位发表刊物名称、刊号
"火烧云"	谢清秀	录像课	2020年8月	2020年信宜市优秀录像课例评选活动二等奖
"什么是面积"	吕腾珍	录像课	2020年8月	2020年信宜市优秀录像课例评选活动二等奖

七、该研究领域尚待进一步研究的主要理论与实际问题

"农村偏远山区教学点教育资源整合的研究"这个课题在历时三年的研究中，课题组探索出"山区小学教研联盟模式"和"偏远山区教学点教师队伍的建设策略"的研究成果，然而，在对"整合学生资源，促使师资共享的研究"这一内容的研究上，一方面，我们只是在音乐、体育、美术等科目上利用专递课堂进行教学，间歇性地让偏远教学点的学生享受到优质的课堂资源，并未形成常态化的"师资共享"；另一方面，在"整合设备资源，提高使用效率的研究"内容上，由于受山区师资意识和水平的制约，很多教师只是为"使用"而使用，并未把已有的设备发展成"助手"，这些都是我们以后要改进和继续研究的方向。

（茂名市教育科学"十三五"规划2018年度重点课题，课题审批号：mzd201801）

勇闯课题之山

"农村偏远山区教学点教育资源整合的研究"试点校

课题研究试点校：镇函关小学、云世小学。

在开展"农村偏远山区教学点教育资源整合的研究"课题研究中，作为课题试点学校，我们在课题组的指导下，把镇内14个教学点分为"中伙片""函关片""迴龙片"和"贵子片"4个片区，积极地进行了"教研联盟"的课堂探索和实践，达到了较好的教学效果。

一、教研联动的做法

在片区教研联盟活动中推出最优秀、最有代表性的年轻老师上示范课，片区同级科老师集中听课、评课、研讨；通过进一步加强校际的教研合作，发挥联盟学校教研的整体优势，为各学校、教师提供相互学习、相互促进、共同提高的活动平台，提高教研工作的针对性；通过骨干教师示范活动，共同研究解决教师在教学中遇到的问题和困惑；通过示范引领的方式来提升教师专业水平、教学实践应用能力，加强教师之间协作、探讨，快速提高教学质量，从而带动整个片区教学质量的提升。

在教研联盟活动中，我们应以"剖析常态课堂，展示课程理念"为指导，经常性地开展常态课堂教学活动。对常态课堂中的优点给予充分肯定，对存在的问题进行深入研究，寻找问题存在的根源，探索出适合的解决方式方法和模式。针对适应当代教育教学的新理念，重点探讨农村高效课堂教学模式。评课时，由授课教师介绍教学理念和教学设计的基本思路，重点阐述如何突出重点、突破难点、采用何种教学方法促进学生的能力发展，以及自身上课之后的体会。评课教师要实事求是地进行点评，除了要肯定其优点外，更要针对问题提出改进意见。通过大家的讨论，最后确定这一节课的整体教学设计。

此外，教育的关键是教师，教师队伍的教育教学能力和综合素质是教育教学成败的关键所在，通过教研联盟活动，可以提升教师队伍的教学能力和综合素质，给老师提供共同学习交流的机会，真正体现请进来、走出去。在活动当中，我们要激发参研教师树立主体意识，鼓励教师积极主动地发表看法和见解，引导教师交流研讨，共享智慧，避免出现组织者或主持者的"满堂灌"现象，从而充分发挥教师之间的研讨作用，推动教师个人的思考和探索。在活动过程中，教师能够在相互研讨中谈自己的收获，提出一些合理化建议，提出自己在教学当中的困惑，大家共同剖析，找出解决的办法。其中，更要发挥各级骨干教师的示范引领作用，由骨干教师进行适当、及时的指导，带动活动的开展，从而为构建高效课堂奠定坚实的基础，推动学校有效课堂教学改革的全面、深入发展。

二、教研联动的效果

（一）试点校教学成绩对比情况

经过教研联盟活动，我镇教育教学质量稳步上升，如表1、图1所示。

表1　试点校云世小学近三年教学成绩对比

年度	学校教师数	全校班数	平均分在镇排位情况	教学质量在镇排位情况	对比
2018	9	5	10	10	+2
2019	9	5	7	6	+4
2020	9	5	2	2	+4

勇闯课题之山

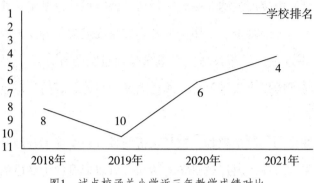

图1　试点校函关小学近三年教学成绩对比

（二）信宜市贵子镇小学教育教学质量对比情况

信宜市贵子镇小学教育教学质量对比情况，如表2所示。

表2　信宜市贵子镇小学教育教学质量对比

年度	考生数	镇平均分	19个乡镇中排位
2018	324	269.9	8
2019	399	260.7	3
2020	362	229.2	2

教研联盟活动不仅是教师的一次交流学习，更为我们小学教师提供了深刻领会核心素养内涵的机会。在今后的教学中，我们要充分利用教研联动，提高教学质量，提升全体教师素养。

翻越策略之山

构建"联盟教研"模式，共谱山区村校新篇

乡村要振兴，教育须先行。地处广东茂名信宜北部山区的贵子镇，虽然仅有4万余人，也远离都市，教育资源相对匮乏，但当地百姓却尊师重教，都渴望家乡多出人才。

如何让贵子镇多出"贵子"，办好让贵子镇百姓满意的教育呢？贵子镇中心学校的校长余家灿同志为此殚精竭虑。从1988年6月步入教坛，到2016年6月调任贵子镇中心学校校长，从教30余年的他始终扎根乡村教育，度过了一个个忙碌而充实的日子。

冬日的清晨，贵子镇十多所中小学里书声琅琅，而他起得比学生还早，这对他来说是再寻常不过的一天。"要做的工作实在太多了，从早到晚一刻也不敢闲着，更不敢请假了。"他笑着说。

他深知，做好山区教育需要"实干"。上任伊始，他就马不停蹄地用最短的时间调研了镇内所有的学校。他坚信，发展山区教育要靠"实干+巧干"。几年来，通过城乡之间不断交流"取经"，他吸收了不少先进的教学理念，提出了许多对治校管理行之有效的"金点子"。

教研，是促进乡村学校治理现代化、乡村教师专业发展和乡村教学质量提升的重要途径。余家灿聚焦于教研的力量，针对山区教育的特点巧施良策，提出了构建"联盟教研"的新思路，使贵子镇的教育事业有了奔头，有了劲头，更有了盼头。

众行致远

一、资源整合，提质创优

独行者疾，众行者远。只有实现农村教育资源的区域内协调共享，才能切实缩小城乡教育差距，找到乡村教育发展问题的"理想解"。山区教育资源不足，却又因为学生数量少、校舍分布散，而存在结构性和功能性浪费的问题。为此，他尝试从人力资源、硬件设施、课程资源等方面进行"化零为整"的资源整合，积极探索出一条适合"山区农村小学资源整合"的新路子。

"相比学生少的问题，乡村教师资源紧缺的问题更为突出。有时候遇上有教师请假或参加学习培训，可能每班只有一个教师，甚至全校只剩一两个教师上课。"余家灿无奈地表示，教师因工作量大而疲于奔命，校长又"权轻责重"，导致山区学校的师资队伍就像"铁打的营盘流水的兵"，缺乏教学"内驱力"，这严重制约了学校教学水平的提升。

如何在日益突出的村校"空心化"现象中寻求化解之道呢？

一方面，他将全镇14所小学划分为"贵子""迴龙""函关""中伙"四大教研片区，每月由片区内学校轮流组织同科级教师集体备课，有效破解了各学校教研"少动力，缺温度"的难题，也为教师们创造了比、学、赶、帮、研的机会。

另一方面，在编排课程的过程中，考虑到各班校本课程有所"重叠"，他组织教师整合课程资源，如将学校体艺类课程、校本课程、特色教育等课程进行整合。在整合课程资源的基础上，再进行教师资源的融合提质。他围绕"发挥教师特长"展开教学研究，尝试将体育、音乐、美术等课程"合班（校）为一"，由具有相关特长的教师统一授课，开展定期"送教到校"教

翻越策略之山

师援助计划。如此，既能让学生接受优质教育，又优化了教师资源配置。

"蓄势，方能聚力。教育资源整合，是在新一轮教育改革中诞生的一个新理念，它既有利于合理地利用教育资源，也是促进高效教学、减轻教师负担的有效途径。"通过探索整合农村教育资源的新方法，余家灿在贵子镇构建了有理论价值和实践意义的乡村教育管理模式，产生了"1+1>2"的村校聚合效应。

二、以点带面，区域联动

头雁领航，群雁齐飞。为助力各片区学校提升办学质量、树立先进榜样，他成立了专项课题组，"以点带面"构建学校教研联盟的科学模式。

首先，引导镇内相邻的3～4所小学组建"教研小联盟"，并在每个"小联盟"中选出一所教研基础较好的学校作为示范学校。其次，在"教研小联盟"学校选派语、数、英学科骨干教师，到市内外学校学习培训、跟岗研修等，更新骨干教师的教学理念。再次，"教研小联盟"每月轮流当好教研"东道主"，组织区域范围内的学科带头人或骨干教师上好示范课，供联盟内的其他教师学习。最后，通过"压担子"的方式，实施"同频共振"工程。给示范学校"派任务"，带动区域联盟学校开展校本教研和学校管理工作；由骨干教师与学科教师开展"手牵手，共成长"的"青蓝"结对活动。通过多措并举，镇内形成了"成熟一校，辐射一片，成长一人，带动一批"的山区教研联盟新模式。

为减小山区城镇教育之间"城镇强、乡村弱；平原镇强、山区镇弱"的差距，他带领课题组团队在"教研小联盟"的基础上，以"区域联动"推进联盟学校质量的均衡发展。

在信宜市教育局领导的"穿针引线"下，在市教师发展中心教育教学研究室的悉心指导下，市直学校对教学相对薄弱的乡镇进行挂钩帮扶，对其薄弱学科进行培训指导。余校长介绍："市第六小学、朱砂镇、贵子镇和池洞镇组成的教研片区就是一个很好的例子。每学年，市第六小学都会精选骨干教师团队，分别到朱砂镇、贵子镇和池洞镇送课下乡，帮助乡镇教师更新教学观念、改进教学方法、促进教师专业成长。同时，上述镇要分科分批组织教师到市第六小学进行跟岗学习，借鉴市区学校优秀教师的教育教学管理经验。"

通过"送课下乡"和"跟岗学习"双管齐下，极大地促进了乡镇骨干教师的教学能力提升和专业化发展。对此，贵子镇中心小学跟岗的教师深有体会地说："跟岗学习是真正的全方位、手把手、嵌入式学习。市区学校的骨干教师善于对落后学科进行'把脉开方'，为我们解决了不少教学上的疑惑。另外，片区内还广泛开展教师赛课活动，在大范围提高教学质量的同时，集众家之长，实现百花齐放。"在"教研联盟"机制下，乡村教师"学有所成"，纷纷挑起了学校发展的大梁。

三、示范引领，教研强师

教育大计，教师为本。著名教育家、华东师范大学终身教授叶澜说："新基础的教师，既是创造者，又是学习者；既是教育者，又是研究者。"

为大规模提高联盟区域教师业务水平，课题组把"教研强师"列为一项重要研究内容，树立了"成长一人，带动一批"的工作思路。余校长介绍："我们通过'走出去，请进来；搭平台，压担子'的方式促进教师专业成长。一是走出去，选派学校学科骨干教师到佛山、东莞、珠海等省内外教育发达地区进行跟岗学习，让教师吸收先进的教学理念；二是请进来，以名校长工作室为平台，多次邀请了郑贤、吕进智、甘耀明、梁丽华、苏育明、赵初红、吕达艺等名师（专家）莅临学校开展专题讲座、送课下乡和教师培训活动；三是搭平台，争取市教育部门的支持，为教师搭建教学展示、课例比赛、课题研究平台，对敬业优秀的教师优先考虑职称推荐、评优评先；四是压担子，以镇为单位建立学科骨干教师人才库，要求学科骨干教师实施'手牵手、一帮一'活动，带动联盟内教师业务水平的整体提升。"

校本教研是学校发展的"心脏"，为提升"心脏"的"造血功能"，联盟学校内形成了一套全面科学、行之有效的评价机制，包括"学生成长卡""教师加油站""学校助推器"等。在"教师加油站"体系中，教师需

翻越策略之山

从教研参与节数、示范课时数、备课时数、教学设计、课例评选、发表论文和教学成绩等方面，进行全面量化评比；"学校助推器"则从教师成长情况、承担联盟教研活动情况、学校各级教学成绩与市对比情况、进步得分情况等方面进行考核；最后根据评比考核结果，对年度"校本教研优秀教师""校本教研优秀学校"进行奖励表彰。如今，校本教研已成为山区教师成长的"助推器"。

硕果满载

一、焕新——激发校本教研活力

"问渠那得清如许？为有源头活水来。"教研为乡村学校高质量发展引入了"源头活水"，如春风化雨润泽着贵子镇的莘莘学子，使昔日偏远落后的乡村小学焕发新容。

自成立"农村偏远山区教学点教育资源整合的研究"课题组以来，余校长在三年多的时间里带领学校领导班子真教实研，指导教师专业成长，在"教研强师，教研强校，教研提质"方面取得了丰硕成果。他以贵子镇各小学为课题研究实践基地，针对山区小学教师资源紧缺，校本教研"缺温无力"的状况，"对症下药"，有效破解了校本教研活动不想开展、无法正常开展的困窘局面；为山区教师搭建了集体备课、分科研讨、大家评课、共同提高的成长平台。

曾几何时，教研是令村校教师"思之甚恐"的任务，如今却呈现出"学校乐于组织，教师乐于参与，大家乐于研讨"的可喜局面。"联盟教研"模式有效地激发了山区学校校本教研的活力，不仅受到区域内学校师生的普遍好评，还得到了上级部门的充分肯定，在全市广泛推广起来。

二、扎根——助力教师专业成长

以研促教，本固枝荣。教研强师，将专业成长之根基厚植于教坛沃土，使更多优秀教师乐于、精于、善于扎根乡村教育。

四大教研片区通过选拔一批优秀青年教师参与课题研讨活动，累计执教试验课73节，在备课、磨课、上课、评课和二次磨课的过程中不断修正反思，显著提高了教师专业素养。

据统计，课题组成员在研究周期内撰写的13篇论文获信宜市级奖励，10多篇科研成果分别在《师道》《小学语文教学》《小学教学参考》《广东教学报》等省级优秀刊物上发表，22节课例（含优课、教学设计、讲座）获市级以上奖励；参与课题研讨活动的教师有58篇论文获信宜市级奖励，102节课例获市级以上奖励。

全镇教师不仅在课堂实践、课例评选、课题研究等方面获得了长足的专业成长，也提升了教学理论水平和教学科研能力。作为课题主持人，余家灿同志升格为"广东省名校长工作室主持人"，获评为"茂名市第九批市管优秀专家和拔尖人才"；工作室学员邱鑫、周金丽、周志庆获评为广东省特级教师；带领学员邱鑫、周金丽、张小鹏三人成长为名教师（名校长），参与校本教研的张冬娇老师被评为"南粤优秀教师"。"联盟教研"助力教师成长的"蝴蝶效应"初见成效。

三、蜕变——提升学校办学质量

"联盟教研"的种子在山区小镇里生根发芽，充分调动了全镇师生工作学习的积极性，在教师乐研、学生乐学的浓厚氛围中，乡村学校正迎来悄然"蜕变"。

校际携手共进，使试点学校的教学质量得到了显著提升。经对比研究表明，片区内贵子镇小学在三年内教学质量评比中由第8名上升至第2名，云世小学排名由第10名上升至第2名，函关小学由第11名上升至第6名。同时，贵子镇的整体教学质量也实现了跨越式发展。在信宜市乡镇小学教学质

翻越策略之山

量考评中，贵子镇2019年首次跻身第10名，荣获全市三等奖；2020年更跃居第4名，并获得市教育教学质量二等奖。2021年，贵子镇小教支部被评为"信宜市先进基层党组织"。

贵子镇的教学质量在短短三年里显著提升，获得了良好的社会口碑，振奋了小镇师生，也感动了当地百姓，街坊们纷纷自发捐资、奖教奖学。他们之中有做生意的老板，有外出打工一族，有退休干部，也有普通农民。"我在贵子街上做点小生意，听说今年我们镇考上信宜中学的人特别多，小考也不错，我也捐款表示一点心意，为家乡教育加油！"一个本地老板热忱地说。

据悉，2019年参与家乡教育捐款的外出乡贤、老板共有120多人，捐款总额达48.6万元，这对于一个只有4万多人口的山区小镇来说是前所未有的。忆起那感人肺腑的一幕，余校长感慨地说："群众捐资热情为何如此之高？我想，是群众看到了贵子镇教育的希望吧！"

一步一个脚印，书写教育答卷。近年来，贵子镇教育事业蓬勃发展，教学质量如芝麻开花节节高。看得见的教育成果，得到了教育主管部门的肯定、师生、家长和群众的赞誉，还吸引了来自信宜市的怀乡、池洞、水口等乡镇中心学校组队前来交流学习。

作为"山区小学联盟教研模式"的领衔人，他也得到了更多认可和关注。如今的他不仅是广东省特级教师、广东省名校长工作室主持人、茂名市名校长，还当选为茂名市第十二次党代会代表。"贵子镇的教育有待进一步发展，需要做的工作还有很多。"虽然获誉满满，但他依然每天奔波在教学一线，乐于做一个默默耕耘的乡村教育"实干家"。

乡村学校，尤其是乡村小规模学校，是我国教育体系的"神经末梢"，是打通教育均衡发展的"最后一公里"。为了这"最后一千米"，余校长表示将继续深耕于村校教研之路，矢志于乡村学校优质发展。过往可鉴，未来可期。

偏远山区小学学科联盟教研模式的探索与研究

——以信宜市贵子镇为例

一、偏远山区小学教研强校的困惑

调研发现，我市镇级学校以小规模学校为主，不足100人的农村小学有137所，占全市小学总数约36%，其中，学生人数最少的农村小学仅有7名学生；不足100人的农村小学教学点有102个，学生人数最少的教学点仅有1名学生；大部分乡镇农村小学和教学点由于分散、地处偏远、学生人数少、教师人数少（农村学校配备班师比约1：1.5），要实现教育教学改革、全面提高义务教育质量有相当大的难度。

偏远山区小学教研"少动力，缺温度"的难题以及"有教无研、教而虚研"的尴尬局面普遍存在。

另外，山区小学缺少以强携弱、互学共研、相互促进、共同提高的平台，农村教师缺少比、学、赶、帮的机会。因而，偏远山区小学难以达到"教研强师、教研强校、教研提质"的目的。

翻越策略之山

二、偏远山区小学教研强校困难成因分析

（一）领导教研意识不强

在一些偏远小学，大部分小学校长对开展校本教研活动不够重视，保障教研活动开展的人、财、物不充足，校本教研存在应付式、走过场的现状。如不改变现状，山区小学的教研活动将失去意义，以研促教、以教兴校也就无从说起，教育教学质量将难以提升，最终伤害的是山区孩子。

同时，受学校的影响，作为教研活动主角的教师，部分教师往往是"穿新鞋走老路"，在完成教研的过程中很少认真备课、深入思考，仅为完成一节课的任务。

这种"应付式"的教研，有百害而无一利，时间白白浪费了，教师也没得到任何进步。

（二）学校教研氛围不浓

教学工作是学校的中心工作，而教研就是中心的中心，只有浓厚的教研氛围，教师才会成长，质量才会提高。然而乡镇学校由于规模小，教师人数少，不少学科教师是单人单岗，教学活动往往是单打独斗，教研活动无法有效开展，大多是"有教无研"，校本教研没有系统化、常态化开展。部分比较重视教研的学校，在开展教研活动过程中也存在"有教无评""有教无研"的问题，缺乏集体研讨、主动参与、各抒己见的教研氛围。

（三）城乡水平悬殊

目前，全国上下正大力加强教育均衡优质发展，城乡一体化、乡村振兴等举措也被列入各级政府的日程表，而要实现教育均衡优质发展还有很长的路要走。

在城市，学校重视教师专业成长，千方百计创造条件，扎实开展教学教研活动，教师观念更新快。教研活动开展得有声有色，教研成果处处开花。

在农村，学校不够重视教研工作，缺乏创新的教研模式，开展教研活动少，教研氛围不够浓厚，教师成长缓慢。而随着新毕业生到农村学校任教，

为农村学校注入了"新鲜血液"，但因为农村学校教研氛围不够浓厚，部分新教师存在安于现状、得过且过的现象；也有部分教师加强学习、努力探索、积极工作，成为学校的教学能手，但缺乏创新的教研模式和同行之间的相互交流学习，新教师也很难在"闭门造车"中成长。

由于教研活动的效果差别，教育质量呈现"城强村弱"之势，偏远山区家庭较好的孩子就选择到城市上学，由此产生恶性循环，农村小学的成绩也就落后于城市学校。

三、偏远山区小学教研强校解决策略

（一）在以点带面中科学构建学校教研联盟模式

学校要发展，教研要先行。我们可以结合山区实际，在"以点带面"中科学地构建学校教研联盟模式。

引导偏远山区小学教师组建教研小联盟，也就是由镇内相邻3~4所小学组成的教研联盟，在每个教研小联盟学校中筛选一所教研基础较好的学校为示范学校，并选派学科骨干教师到市、内外学校学习培训、跟岗研修，学习并树立先进的教学理念，带动联盟内小学的教研和学校管理工作，形成"成熟一校，辐射一片，成长一人，带动一科"的偏远山区小学教研联盟新模式。

例如，在开学之前，为了解决山区教师人数少且交通不便的困难，我们可以引导教研小联盟的几位教师组建好微信群并选定组长，从最简单但又特别需要的开学第一课开始，让他们各抒己见，提出自己的想法，然后由组长进行总结提炼，制作好PPT供大家使用并向组员讲清楚上课流程，让教师清楚如何上好开学第一课。当然，教师也可以根据自己的需要进行修改。

有了简单的开学第一课的联盟教研，再进入教学活动的联盟教研就更加顺畅了。

这时，我们可以引导教研小联盟的几位教师分工合作，由组长按模块安排好组员轮流准备相应模块的课件并进行主讲，可以先安排教研基础较好的教师进行示范，其他教师如果对主讲人所备的课有疑问或有更好的想法，都

翻越策略之山

可以提出来进行讨论，主讲人根据大家的建议进行修改，并把终极版PPT发在微信群供大家使用。

这样一来，经过相互学习、相互探讨，整个学期的课程就在大家的分工合作、共同探讨中轻松完成，教师也可以从过去的单打独斗顺利过渡到有效的团队作战中，在这个过程中获得的成长是不容小觑的。

而且，经过了第一年的努力，往后的教研工作相对来说会更加顺利地开展。

对此，木辂小学的张校长表示：自从加入教研小联盟以来，教师工作起来比以前更有活力了，课堂变得越来越有趣，学生的学习热情也越来越高涨。

我们还可以在开学之初，组织好示范课的展示，让学科带头人起到充分的影响辐射作用，让教研小联盟的教师在听课、评课的过程中得以学习、成长。

事实证明，大部分教师都是很积极上进的。他们表示，看到示范课上师生新模式的教与学，感慨良多也受益匪浅，并对自己落伍的教学模式进行了反思，他们都要求多组织这样的教研活动，并明确表示愿意多学习、多进步，向学科带头人靠拢。

我市贵子镇片区联盟教研工作的开展，如表1所示。

贵子镇分片区联盟教研工作通知

各小学：

为了进一步推动我镇课堂教学改革，促使全体教师加强课堂教学研究，提高课堂教学效率，同时为明年举办镇"十佳课例"评选活动做充分准备。经研究，决定开展2019—2020学年分片联盟教研活动，现将具体事项通知如下：

表1 2019—2020学年贵子镇分片区联盟教研活动安排

联盟学校	轮次	科目	活动时间	活动地点（承办学校）	活动内容安排								第3节	参会人员
					第1节				第2节					
					执教者	执教者所在学校	执教年级	执教内容	执教者	执教者所在学校	执教年级	执教内容		
第四片区：迴龙、贵龙、石马、云世、绿湖	第一轮	语文	2019年11月22日	贵龙	黄富颖	贵龙	五年级		吕媛	云世	二年级		评课、讲座	相应学科教研员，同一片区相应级科全体教师等（相应教研员为活动召集人，承办学校教导主任为主持人）
	第一轮	数学	2019年11月21日	绿湖	李青霞	绿湖	四年级		黄梅芳	迴龙	一年级			
	第一轮	英语	2019年11月20日	云世	陈妃	云世	五年级		梁梅婵	绿湖	三年级			
	第二轮	语文	2019年12月20日	云世	张春梅	云世	五年级		梁天桥	绿湖	二年级			
	第二轮	数学	2019年12月19日	迴龙	陈凤	迴龙	四年级		蔡志林	云世	五年级			
	第二轮	英语	2019年12月18日	贵龙	姚强兰	贵龙	三年级		陈春燕	迴龙	五年级			
	第三轮	语文	2020年3月19日	绿湖	曹海虹	绿湖	一年级		余灿	迴龙	五年级			
	第三轮	数学	2020年3月18日	云世	吕媛	云世	三年级		苏雪梅	贵龙	五年级			
	第三轮	英语	2020年3月17日	迴龙	陈春燕	迴龙	四年级		周素琼	云世	三年级			

翻越策略之山

说明：

1. 请各学校根据表1安排，优先推荐课改实验教师参加分片联盟教研活动，且于2019年10月18日前填好表1中每一轮的执教者和执教年级，并把电子表格发送至镇中心学校邮箱。如遇授课班级冲突，镇中心学校届时会做适当调整，且第一时间告知相关学校。

2. 每次联盟活动内容安排：时间半天，当天上午第1、2节分别由承办学校和外校的教师各上1节研讨课，第3节集中评课，开展讲座（第三片区的执教者全是本校教师）。

3. 请各执教教师提前8个工作日，跟承办学校联系好教学进度，届时承办学校第一时间把该轮的教学内容发送至镇中心学校邮箱。

4. 请各学校必须发挥教研团队力量，共促教师加强研课，并于活动当天为听课教师提供"三案合一"的教学设计，每人一份，外校的执教教师，请相应学校教导主任带队前往。

5. 各校量化考评教师时，请对分片联盟教研的执教教师，按镇级公开课标准给予加分。

6. 请各承办学校提供活动当天与会人员的午餐。

7. 镇中心学校拟于2020年5月上旬举办贵子镇"十佳课例"评选活动，参赛对象原则上会在参加本次分片联盟教研的优秀者中产生，届时会详细布置。

信宜市贵子镇中心学校

2019年10月14日

（二）在区域联动中促使联盟学校质量均衡发展

质量是学校的生命线。

通过实践，我们发现，区域联动是促使联盟学校质量均衡发展的途径之一。

我们可以在学校教研小联盟的基础上，构建城乡结合、镇间联动、校校联手的教学教研模式，丰富教研联盟的内容，实现以强带弱、携手共进、互动共赢、共同提高的教育发展模式。

例如，我们组织北界镇的教师到教研气氛浓厚的市六小进行了几天的跟岗学习。山区教师紧跟着市区教师的脚步，从早读到备课、上课再到科组活动等各个环节都进行了全方位的观摩、学习，对于有疑问的地方及时提问、讨论、反馈，再根据自己的教学实际进行内化、调整。山区教师谢老师说，除了学到如何完整地上完一个知识点之外，还观摩了平时在公开课上无法看到的集备环节、科组活动环节等，这些恰恰也是他们迫切需要了解学习的。

又如，我们还组织了三个乡镇的所有小学与一个市区学校进行一系列的联盟活动，其中一项就是赛课。在这个活动中，乡镇的教师先进行片区的小组赛，市区的教师先进行校内小组赛，经过2～3轮的角逐，最后比赛的4位教师进行同课异构的决赛。参赛者邱老师表示，这样的比赛不仅可以看到自己的不足，还可以看到许多闪闪发亮的小环节，把这些闪光点汇在一起就变成了一节完美的、孩子们特别喜欢的课。只要孩子们的学习兴趣提高了，教学质量就能提高，学校的教学质量就能得到顺利提升。

另外，我们还可以组织这些学校进行统一的知识测评，把测评的质量进行数据分析、对比，找出落差点，分析问题所在，再进行调整，然后有针对性地解决。例如，我们在进行第一次联盟测评的时候发现，有一个学校的英语成绩与其他学校相比较，落差比较明显，于是我们进行了调查，找到了原因所在，"对症下药"，终于在第三次联盟测评时该校把质量提了上来。

又如，我市六小片区教研联动工作实施方案精选之主要做法如下。

1. 组织开展交流研讨活动

主要包括科组工作、活动开展、质量分析等主题交流活动，每学期1～3次，具体主题、时间待定。

2. 组织开展片区课堂教学优秀课例评选活动

（1）市六小、池洞、朱砂、贵子镇分别承担一个年级或一个学科的课堂教学优秀课例评选组织任务。

（2）各镇、校首先进行初选，然后评选出优秀选手参加片区优秀课例评选（各年级、各学科各1名教师），初选结果由镇中心学校颁布，并颁发优秀课例证书。

翻越策略之山

（3）片区评选是在各镇、校初评出参加片区活动选手的基础上，按语、数、英的顺序依次在各镇举行，片区评选邀请市教研室教研员莅临指导，评选结果由市教育局教研室颁布，颁发优秀课例证书和优秀教研员证书。

（4）学科评委由各镇学科教研员、市六小和各镇一名该科骨干教师组成。

（5）学科评选活动安排：2019—2020学年第二学期进行二、四、六年级；2020—2021学年第一学期进行一、三、五年级，具体时间另定。

3.组织开展片区月考及质量分析活动

每学期在期中、期末考试的基础上，继续坚持进行两次月考活动，时间是每年4月上旬、5月中旬、10月上旬、12月上旬等。每次月考结束后在片区内中心小学进行质量分析，研究策略，提出改进措施。月考命题由各镇分科、轮流承担。

（三）在示范引领中形成农村教师专业成长机制

百年大计，教育为本；教育大计，教师为本。强教必先强师，强师才可提质。

为了大规模提高联盟区域教师的业务水平，树立"培养骨干，带动全体"的工作思路，我们必须把教研强师列为一项重要工作，并通过"走出去，请进来；搭平台，压担子"等方式促进教师专业成长。

我们邀请市内特级教师、名师工作室指导专家、名教师等为联盟骨干教师作专题讲座，邀请省、市名师工作室到学校开展送课下乡活动，让偏远山区教师有机会接受先进的理念，学习现代教学方法。

例如，我们邀请到了市名师工作室的教师，分别带来了语文、数学、英语各一节课，山区教师在听课的过程中深刻体会到了课改的意义，令他们深刻认识到"满堂灌""满堂问""满堂读"的机械重复的教学方式已经不再适应时代的发展。

我们还在项目乡镇选派学科骨干到市内外名校参加学习培训，接受教育思想的洗礼，鼓励教师参加各级培训班不断学习，帮助教师解决学习工作和生活中的各种困难，鼓励和支持青年骨干教师参与科研工作、开展经常性的学术交流活动，不断提高学术水平、创新能力和组织协调能力。

我们积极争取市教育部门的支持配合，为教师搭建"教学展示、课例比赛、课题研究"的平台，让既敬业又专业的教师有出彩的机会。

我们还以镇为单位建立学科骨干教师人才库，要求学科骨干教师实施"手牵手，一帮一"活动，通过"传、帮、带""师徒结对"等方式带动联盟内教师业务水平的全面提高，形成"成长一人，带动一批，携手共进"的教师成长机制。

例如，我们让到市内外名校参加学习培训过的贵子镇中心小学骨干教师张老师和旺茅小学的李老师进行"师徒结对"，经过一个学期的精准帮扶，李老师学会了制作课件、录制微课等，既改变了旧的教育模式，也改变了自己，业务水平得到了全面提高，成长迅速，达到了强师的效果，形成了携手共进的美好局面。

例如，我市贵子镇小学学科带头人培养实施方案（节选）及对象如下。

信宜市贵子镇小学学科带头人

1.遴选对象和条件

（1）热爱教育事业，遵纪守法，求实创新，敬业奉献。

（2）富有教育情怀，教育教学业务能力强，教育教学成绩优秀。

（3）曾获得镇级优秀教师、优秀班主任荣誉称号或在镇级以上课例评选活动中获一等奖。

（4）在全镇各小学中遴选产生，遴选对象原则上要求45周岁以下（业绩特别优秀的可适当放宽），乐意承担镇中心学校组织的送课下乡、常规检查、听课指导等任务。

（5）评选名额：语文4人，数学4人，英语2人。

（6）采取个人申请与学校推荐相结合的方式，申报对象填写好《贵子镇小学学科带头人申报表》（一式两份，学校加具推荐意见并盖章，一份交镇中心学校，一份学校教导处备案），在本月27日前交镇中心学校。镇中心学校将对申报材料进行讨论评议，确定培养对象并在全镇小学公布。

翻越策略之山

（7）已确定为县级以上学科带头人培养对象的教师不再参加本级别遴选。

2. 培养周期

两年，从2020年6月开始，至2022年6月结束。

3. 培养目标

（1）在培养周期内，每人每期至少上好两节示范课，其中一节在校内进行，另一节以送课下乡或分片活动的形式进行。

（2）在培养周期内，培养对象每年至少拍摄一节课例参加县级以上优课评选并获奖，教学录像课或课例获县级一等奖以上。

（3）在培养周期内，至少撰写一篇教育教学论文或教学设计在县级以上获一等奖，并至少有一篇论文在省级正规刊物上发表。

（4）在培养周期内，主持或参与一项县级以上课题研究（参与者排名前三），并至少获得一次镇优秀教师或优秀班主任荣誉称号。

4. 考核管理

（1）被确定为学科带头人的教师，每年在学校量化考核中享受镇级荣誉加分；在每年镇级绩效考核中给予2分的奖励加分。

（2）被确定为学科带头人的教师、周期内教育教学成绩优秀者，在同等条件下，优先推荐参评县级以上学科带头人、优秀教师、优秀班主任等荣誉，并优先安排外出学习培训等。

（3）镇中心学校每学期组织一次总结交流会，总结经验，找出存在的问题，并提出改进的措施。

（4）培养结束前，镇中心学校成立考核小组，对培养对象对照上述目标进行考核，完成所有培养目标者，颁发荣誉证书，并通报表扬。

关于确认信宜市贵子镇小学学科带头人培养对象的通知

各小学：

在前期开展全镇小学学科带头人的遴选工作中，在各学校的积极鼓励下，一批热爱教育事业，富有教育情怀，业务能力强，成绩优秀的教师踊跃报名。经研究，对培养对象的人数进行了调整，现确认曹晓玲等12位教师为贵子镇小学学科带头人培养对象（2020年6月—2022年6月）：

小学语文科学科带头人：曹晓玲　林美娟　李福珍　谢清秀　凌清笑

小学数学科学科带头人：吴　悦　林　静　郭委平　曹坤连

小学英语科学科带头人：张洪英　林海燕　彭金颖

希望曹晓玲等12位培养对象在今后的培养过程中能够积极进取，刻苦钻研，圆满完成各项工作要求，在小学教育教学工作中成为全镇教师学习的榜样。

信宜市贵子镇中心学校

2020年5月28日

（四）在科学评价中推动联盟小学教研强校

校本教研是学校的"心脏"，学校的发展取决于"心脏"的造血功能。学校要想有源源不断的活水，就要建立一套行之有效的机制。

我们通过设立"学生成长卡""教师加油站""学校助推器"等评价机制，形成全面科学的评价体系。联盟学校在班级内建立"学生成长卡"制度；设立"教师加油站"，对联盟学校全部教师从教研参与节数、示范课时数（包括优课、微课）、备课时数、教学设计、课例评选、发表论文和教学成绩等方面进行全面的量化评比，每年进行表彰，让教研成为教师成长的"助推器"，实现教研强师；对联盟学校从教师成长情况、承担联盟教研活动情况、学校各级教学成绩与市对比情况、进步得分情况等方面进行考核，评选出年度"校本教研优秀学校"，达到强生、强师、强校的效果，探索出适合山区特色的有效路径。

例如，我市某山区小学，没有教师主动报名上示范课，几年没有发表过一篇获奖的论文，全校没有一位教师录制优课，没有一位教师会制作微课，连基本的教学设计也随便应付，以致无法参赛。但是，自从加入联盟学校之后，在积极上进的大环境中，这所学校的领导重视教研了，教师的积极性也被调动了起来，自觉主动地加强自身学习，于是，在教研中变得有话可说、有路可探、有文可写。2021年，这所学校的优课、论文获奖情况均实现了零

翻越策略之山

的突破，获得了"年度校本教研进步学校"的荣誉。教师参与教研的积极性更高了。

联盟教研之路漫漫，然而，我们一直在路上。让我们在"以点带面"中科学构建学校教研联盟模式、在区域联动中促使联盟学校质量均衡发展、在示范引领中形成农村教师专业成长机制、在资源共享中运用信息技术提高课堂效果、在科学评价中推动联盟小学教研强校。

读出古诗的韵味

——统编版教材古诗教学方法探究

统编版教材以《义务教育语文课程标准（2011年版）》为编写依据，主要围绕"人文主题"和"语文要素"组织文本，增加了古诗词、中华优秀传统文化的课文比例。如何把这些优秀的文化瑰宝传承好，厚植家国情怀，是我们当前落实立德树人根本任务的重要课题。因而，我们在古诗的教学中，力求根据古诗的特点，因材施教，以读为本，让学生读出古诗的韵味。

一、读出古诗之趣

俗话说："万事开头难。"无论什么课，在课程开始，教师通过简单快捷的方式抓住学生的心，驾驭课堂就成功了一半。教师在古诗教学设计上，要从"趣读"开始，让学生乐于接受。

读书的方式多种多样，哪种形式最好？没有标准答案。学生最乐于参与且易于接受的就是最好的。统编版语文教材的古诗，基本上都做到了图文并茂，所以教师要根据古诗的写作特点"度身订造"：如在教学统编版三年级语文下册《惠崇春江晚景》这首七言绝句时，我根据诗歌的特点采用了"你举牌，我读诗"的方法，利用多媒体把诗句中描写的竹子、桃花、江水、鸭子、蒌蒿、芦苇六种画中江南早春的景物呈现在屏幕上，并事前制作了词语卡片（每种景物词语一张卡片），由感兴趣的"二人组"轮流举词读诗，全

翻越策略之山

班同学评出"最佳二人组"。这种别开生面的朗读形式，吊起了学生的"胃口"，激发了学生主动学习的兴趣。

又如，《三衢道中》这首诗描写了梅子成熟时节诗人的见闻，展现了浙西山区明媚清丽的风光，诗句中以梅子强调了"晴"，以黄鹂"四五声"表现了山的幽深。我在教学这首诗时，不急于让学生范读或齐读，而是在课堂引入上，用PPT在屏幕上展出小鸡、鹦鹉、鹧鸪和黄鹂等深受学生喜爱的动物图片，然后随意播放上述动物的叫声，让学生说出动物名称，在播放黄鹂的叫声时，插入黄鹂边飞边叫的动画，并特地重复播放了几遍，让全班学生"听鸟叫，读诗句"，最后播放了梅子成熟时晴、雨的不同景象。这样一来，学生的听觉、视觉受到触动，进而诗趣大发，诵读有滋有味，课堂参与度大大提高，对全诗熟读成诵。实践证明，"趣"是学生愿读古诗的原动力，"读"是学生理解诗句的基础。

二、读懂古诗之意

在统编版教材古诗教学中，"有感情地朗读课文和背诵课文""能借助字词、注释理解诗句的意思""想象诗句描绘的画面"和"体会诗句表达的感情"是古诗教学最基本的要求。因此，我们在古诗教学中要统筹兼顾，在打基础和提能力上双管齐下。

（一）在朗读辨认中学懂字词

在古诗课文中，生字、词语相对较少，老师不必在字词的教学上花太多时间，但是，掌握生字词的音、形、义却是理解诗意的前提。因而，我们在古诗教学中，要引导学生在专心倾听教师的范读和自己的试读中学习生字，理解新词。例如，三年级语文下册《绝句》一诗中，出现了"鸳鸯"一词，这两个字都是本课要求会读的生字，我们可以先引导学生借助拼音读准字"音"；再引导学生根据形声字的规律，找出"鸳""鸯"两个生字的共同点（都是上下结构，且下半部分都是"鸟"字），引导学生总结运用"熟字加偏旁"的识记方法，弄清生字之"形"；最后让学生借助字形猜一猜"鸳鸯"一词的含义，有的学生说"鸳鸯"是鸟类，有的说"鸳鸯"是一对"夫妻"，还有的说"鸳鸯"是经常在水中生活形影不离的小鸟……此时，教师揭开谜底，"鸳鸯"一词的"义"也就理解了。

（二）运用多种方法理解诗意

在学生扫清字词障碍后，教师可以运用多种方法帮助学生理解诗意。常用的方法有以下四种。

1. 注释理解法

在小学统编版教材安排的古诗中，但凡难以理解的诗句均在诗句的右边标有词语注释，其编排目的是使学生可以借助注释自主理解诗意。因而，教师在古诗教学中，就要善于教会学生读好注释，以理解诗意。例如，古诗《绝句》一句一景，"迟日江山丽，春风花草香"这句中的"迟日"是春日的意思，在教学时，教师可以引导学生把注释与诗句联系起来，学生自然就会将其理解为"春天阳光普照，山河无比秀丽，清风吹来（拂面），送来花草的芳香"；在阅读古诗《三衢道中》中"梅子黄时日日晴，小溪泛尽却山行"这句时，学生对"小溪泛尽却山行"的理解有一定的难度，搞不清"却山行"到底是什么意思，此时教师可让学生借助注释理解"小溪泛尽"的意思是"乘小船到小溪的尽头"，"却"是"再，又"的意思，把注释和诗句连起来理解，诗句意思就一目了然了。

2. 词语串联法

针对以景物描写为主的古诗，我们可以在读通诗句的基础上，引导学生抓重点词，串联起来理解诗句内容。例如，《绝句》中前两句出现了"迟日""江山""春风""花草"等描写景物的词语，我们就可以把词语的意思串联起来理解诗意。又如，四年级语文下册中《四时田园杂诗》是南宋时期一首描绘田园生活的古诗，全诗都是写景，且对仗工整，浅显易懂。在体会这首诗的意境时，教师可以引导学生读好"黄""白""肥""稀"四个字，然后由学生模仿老师的读法慢慢体会，一幅万物生长的画面就在学生脑中勾勒出来了。

3. 媒介助读法

借助声音、动画、图片等介质帮助学生读诗悟意、想象画面也是学生读诗明意的好方法。例如，在教学《宿新市徐公店》一诗时，我以动画的形式给出了一排稀稀疏疏的篱笆、一条弯曲的小路、客店、长满嫩芽的绿树、蝴蝶等元素，以充满童趣的笑声为背景音乐，然后组织学生以小组为单位进行"看词语，说诗句，想画面"的游戏。在全班学生做这个教学游戏前，我有目的地筛选了四个品学兼优的学生上台示范，教给学生游戏玩法，最后整体参与。当全体学生把词语和诗句都能"对号入座"后，再用平台反复范读诗句，让学生小声跟读，一幅明丽活泼的春景图在学生脑海中浮现，学生完全陶醉在诗的意境里，很好地达到了明白诗意、想象情景的要求。

4. 提示引导法

在小学阶段，由于学生接触古诗较少，要理解诗句意思、体会古诗抒发的情感有一定的难度，引导学生运用"填鸭式"的方法理解诗意也是必要的。例如，在理解"洛阳亲友如相问，一片冰心在玉壶"时，我设计了"如果……我的情况，请你……我的……在玉壶一般"。通过这样的提示语，一下就降低了理解的难度，学生借助词语理解诗意就轻而易举了。

三、读好古诗之韵

熟读唐诗三百首，不会作诗也会吟。品读悟意、想象情景是古诗教学的基本要求。那么，教师在课堂教学中，在学生理解大意的基础上趁热打铁，引导学生边读边想，想象情景，体会感情，以深化他们对古诗的理解，因而，我们要把握读诗的节奏，读出古诗之韵。

（一）注意朗读的轻重

抓准韵脚，读好诗韵。诗韵是古诗朗读中潜在的情感语气，它依赖于读准平仄音。因此，朗读古诗首先要将平仄音读正确。如《早春呈水部张十八员外》中的"酥、无、处、都"押韵，一押到底，不变韵。朗读时对韵脚要恰当重读，非韵脚音读得轻一点儿，使上下句音节和谐对应，这样才能产生韵味。当然，对韵脚重读不是一成不变的，如《泊船瓜洲》一诗的韵脚有"间、山、岸、还"，如果把这四个韵脚都重读，就会使人感到重复乏味。这时应根据诗意的表现需要，对"间、岸"给予重读，而"山、还"要读得轻一点儿。此外，诗歌朗读是一种介于读和唱之间的形式——吟诵，为了更好地表现诗的韵味，朗读时不能太短促，有的字音要适当拖长些，从整体上表现出古诗回环起伏、委婉动听的音韵美。

（二）把握朗读之节奏

读好节奏语调，是体会古诗意境的主要手段，因而，我们在指导学生诵读古诗时要教给学生把握诵读的语气和方法，掌握古诗节奏的一般规律：四字句的分成△△／△△形式，如"昔我／往矣，杨柳／依依（六年级语文下册《采薇》）"；五言句分成"△△／△△△"形式，如"迟日／江山丽（三年级语文下《绝句》）"；七言句分成"△△△△／△△△"形式，如"劝君更尽／一杯酒，西出阳关／无故人"。然后再根据结构、内容等具体情况，将后一部分三字划分为"△／△△""△△／△"或"△△△"等停顿形式，有时七言句的前部分划分成"△△／△△"形式。例如，《游园不值》的节奏划分为：应怜／屐齿／印／苍苔，小扣／柴扉／久／不开。春色满园／关／不住，一枝红杏／出／墙来。因而，在指导学生诵读古诗的过程中，把握好轻重缓急，读出诗句的抑扬顿挫，就能使学生感受到古诗之美，从而体会诗句抒发的情感或描绘的画面。

四、读出古诗之味

古诗节奏感强，韵味十足，而且简短精练，学生读起来朗朗上口，易于记忆，便于品读背诵。为巩固古诗教学效果，使学生的课堂知识向课外迁移，教师应在古诗教学的后半程下足功夫，否则将会前功尽弃。因而，教师要找准读诗的形式，读出古诗之味。

（一）师生互读

为了激发学生兴趣，使学生在课堂上消化知识，熟记古诗，我们可以采用师生互动的方式进行。例如，师生互读上下句，师读"青海长云暗雪山"，生读"孤城遥望玉门关"。又如，师生依停顿合作朗读同一句：师读"应怜屐齿"，生读"印苍苔"；师读"小扣柴扉"，生读"久不开"。此外，可以倒转顺序、变换顺序，直至熟读成诵，这种方式极易带动学生有感情地朗读，并在持续的诵读中体会诗句的意境和情感。

（二）生生比读

学生在能有感情地诵读，并体会古诗的意境后，为达到理解诗句、熟读成诵的要求，我们可以采用同桌配合读、男女配合读的形式，这些形式可以在诗句品读中运用：如在诵读《泊船瓜洲》时，可由男同学读一二句，女同学读三四句；基本读熟各自任务后，再交换读，由女同学读一二句，再由男同学读三四句；同桌之间也可按照这种方法变着读。在记忆诗句原文和诗句意思时，则可以采用"你读诗，我读义"和"我背诗，你背义"等形式进行。灵活多样的诵读形式，能实现学生熟读诗句、想象意境、读诗明理的教学目标。

"读书百遍，其义自见。"在古诗教学中，教师若做到以读为本，引导学生自主探究，朗读体会，吃透基础，领会诗意，读出韵味，便能完成体会意境、悟诗明理的任务，也就能实现品赏文学瑰宝、传承中华文化的教学目标了！

偏远山区教学点教师队伍的建设策略

对于偏远山区教学点来说，建设一支政治过硬、业务一流、乐于奉献，且"下得去，留得住，教得好"的教师队伍既是时代的呼唤，也是现实的需要。

一、落实县管校聘机制，促进乡村教师合理流动

（一）实行校长任期负责制

实行县管校聘后，校长由县级教育部门进行聘任，可以在聘任前定岗竞聘，由符合条件的应聘者集中竞聘、优胜劣汰。确定校长人选后，由校长向管理部门签订任期目标责任书，每学年由全校教师、上级教育管理部门、家长代表等对校长进行民主评议，并从师德师风、学校管理、工作能力、教学效果等方面进行量化考核，根据每年考核得分累计确定是否续聘或轮岗，以制度激发校长的管理效能。

（二）实行教师交流轮岗制

充分发挥教代会作用，由教代会组织教师从师德师风、工作过程（业务学习、备课、上课、作业、批改、辅导等）、教学实绩等方面制定教师量化考核制度。每学期由教师代表根据制度对全校教师进行量化评分，并由教师本人签名确认。然后在校内进行公示，把个别优秀的教师根据需求调整到优质岗位工作（包括提拔任用），对在学校得分末位的教师实行交流轮岗，以制度盘活农村学校教师队伍的"一潭死水"，激发教师队伍活力，促进良性循环。

翻越策略之山

（三）实行教师镇内走教制

由于山区小学教师编制紧张，小科目教师普遍不足，每个教学点要做到开齐课程、开足课时比较困难。对此，可以根据地方实际，把中学、中心小学富余的音、体、美、信息技术等教师实行分片包干（2～3所学校一片）走教制度，由每个教师每周坚持到自己负责的学校走教，接受送课的学校为送课教师解决基本的差旅费和伙食费补贴，每期对走教教师进行考核，走教课时数纳入其工作量计算，并在评优评先、年度考核、职称推荐等方面向走教教师合理倾斜，切实解决山区教学点音乐、体育、美术课程难以正常开展的瓶颈难题，促进山区教学点学生的全面发展。

二、建立三级教研制度，研教结合助推教师成长

统计显示，笔者所在乡镇的面上小学，学生有20～100人，少于100人的学校占四成左右，30人以下的"麻雀学校"有3所，这些农村学校教师人数多则10人，少则4～5人，要正常开展校本教研活动就如"赶鸭子上架——强人所难"。为此，可量身定制推行区域联动的校本教研模式，实施"造林"工程。

（一）选苗子，让教师有冒尖的机会

学校有目的地筛选德才兼备、好学上进的教师着重将其培养成学科带头人、骨干教师等，发挥这一小群体的传、帮、带作用。一方面，实施"青蓝"结对工程。学校主动牵线搭桥，让相应学科领域专家（如名校长、名教师、学科教研员等）与培养对象结对，创造条件每期优先安排培养对象到外地学校"取经"，吸收先进的教学理念，近距离学习先进的教学方法。另一方面，对培养对象压任务促成长。每期为培养对象下压任务，要求培养对象每期必须参与在校内上好示范课、在镇内上好汇报课、在市内上好展示课等活动，在层层参与、级级筛选、不断实践中脱颖而出，成长为名教师、学科带头人或骨干教师。

（二）广造林，让教师有成长的沃土

培育好"苗子"后，把不同学科的"种子"在镇内学校分区域播撒，让

其生根发芽。例如，把全镇小学分为若干个教研片区，每片区推荐一名校长统筹片区教研活动，每片区由镇统一安排语文、数学、英语等学科带头人或骨干教师负责蹲点学校的科组集备、教研安排、听课评课、结对帮扶（一人带几人）、质量分析等。学校坚持做到周周有公开教研，片区月月有优课展示，镇内期期有课例评比，构建出"校内实践—片区展示—镇市评比"的三级教研模式，解决农村小学教研"少动力，缺温度"的难题。

（三）搭舞台，让教师有仰望的星空

俗话说："不想做将军的士兵不是好士兵。"学校要为教师的职称评聘、职务提拔等关系教师切身利益的事项铺路搭桥，让教师有"跳摘苹果""仰望星星"的愿望。如鼓励教师走专业成长之路：愿教（新教师）—能教（合格教师）—会教（优秀教师）—善教（骨干教师、学科带头人）。在职务提拔上，形成"要提拔，先成长"的共识，做到过好"五关"：政治关—法律关—师德关—专业关—备选关。稳定教师队伍，使教师既要在教学专业舞台上闪亮登场，又要仰望星空，感到有奔头，有成长的空间和机会。

［注：此文为茂名市教育科学"十三五"规划重点课题"农村偏远山区教学点教育资源整合的研究"的研究成果，于2020年9月在《师道》（教研版）发表］

翻越策略之山

让语文课诗意飞扬

    语文是一门基础学科，教师在语文课上如不多想办法，营造出活泼和谐的课堂气氛，学生就会感到枯燥乏味，因毫无兴趣而昏昏欲睡，学习效果必然大打折扣。因此，如何营造语文课堂的浓厚气氛，让学生有滋有味地吸取知识营养，十分考验教师的课堂调控能力。笔者认为，教师如能打造诗意飞扬的语文课堂，就能营造出良好的课堂气氛，从而构建高效的语文课堂。

一、榜样示范，让教师富有诗意

    "有什么样的老师，就有什么样的学生"，这一观点曾被教育界所有人所共识，或者当作座右铭。随着思想的不断进步，在今天，这一观点也许有它的片面性。但毋庸置疑的是，教师的一言一行、一举一动，对学生的行为习惯将产生潜移默化的影响，诗意的语文教师，能以润物细无声的方式影响自己的学生。作为一名合格的语文教师，应该用善良的心境、丰富的情感、幽默的语言、聪明的大脑、丰富的文化内涵和高超的教学艺术去感染学生、塑造学生的人格。记得一次在三年级听课时，旁边的学生写字非常认真专心。我轻声对他说："你好认真哦，写的字很工整漂亮！"他扬起眉对我说："我们老师写的字才工整漂亮呢，我要认真努力，以后也要像老师写得那么好！"这就是老师在教学中给学生树立的榜样作用，使我深刻体会到"善言千语"莫抵"心灵一颤"。正因为如此，几十年来，我努力练朗读，力求让我的朗读有感染力；我努力练书法，力求让板书（包括写在学生作文本上的评语）成为学生的字帖，让学生读懂什么叫"认真"，什么叫"一丝不苟"；我努力读书，力求把自己的"缸"装满，成为学生的榜样。

二、激发天性，让孩子富有诗兴

作为老师，要激发孩子富有诗意的天性。五年级上册有一首现代诗《大自然的语言》，学习完这首诗之后，我给学生布置了一项作业——仿写一首诗。没想到还不到五分钟时间，全班最爱讲话的捣蛋孩子之一竟写出了完整的一首《母爱的语言》，实在让我和其他同学大吃一惊。这个学生虽然成绩不突出，平时在纪律上也老是犯错，但却比别的孩子多了一分诗意。因此，老师们要多留心这些孩子的闪光点，让他们知道自己也有很棒的时候，这样他们就能在语文课上更有信心、更有兴趣。例如，我在教学《我站在祖国地图前》一课时，先让学生画出认为美的句子进行品读，配上优美的课件和背景音乐，学生边读边想象，体会文字之美，品出诗歌的韵味。接着让学生仿写一节这样的诗句，这时，学生诗兴大发，有的写：我站在学校的大门前，像走进了知识的殿堂；有的写：我站在北京天安门前，像走进了妈妈的怀抱；有的写：我站在蔚蓝的大海边，像荡漾在妈妈的臂弯……他们写得多么形象、多么感人！

三、三管齐下，让课堂富有诗味

充满诗意的语文世界，能让学生如痴如醉，学而不厌。教师通过调动多种艺术手段，展现教材的美妙意境，能让语文课精彩纷呈，大放光彩。

（一）巧设导语，营造诗趣

语文课上，导语的优劣有可能直接影响整节课的教学效果，富有诗意和新颖的开场白，可以在瞬间把学生的心带进课堂；反之，平淡无味的课前导语会让学生听得乏味，很难把心回归课堂。因而导语设计在课堂上的作用十分重要。一个富有诗意、吸引力的导语能一下子把学生的注意力聚拢起来，为上好一节课打下基础。例如，在教学五年级下册课文《失去的一天》时，我设计了这样的导语："十二岁是花一样的年龄，十二岁是充满梦想的年

翻越策略之山

龄，十二岁是温馨浪漫的年龄，十二岁的生活有友情的温馨、亲情的呵护，十二岁的我们就像一只小船，点亮了理想的航标。然而人生的海洋是波澜起伏的，你也许会遇到惊涛骇浪。因此在航行中，我们要做勇敢的水手，也要做智慧的船长。而体现智慧的很重要的一个做法就是——珍惜时间。今天，我们要一起学习一篇课文，它会告诉我们如何让我们的每一天都不被浪费，白白失去。"继而，我板书课题——《失去的一天》。

通过这样的开场白，再加上精美的PPT画面和优美动听的背景音乐，教师制造并分享着诗意，学生享受着诗意的浪漫，继而会不由自主地投入新课的学习当中。

（二）借助媒体，增添诗意

多媒体的使用，毫无疑问，为语文课极大地增光添彩。因为有了万能的多媒体与网络，朗读、录音、录像、PPT、动画、电影片段……各种素材，应有尽有，吸引了学生的眼球。只要充分运用好现代化的多媒体技术和信息技术，语文课就能更加丰富多彩、充满趣味。教师也不必口若悬河地讲解整节课。但这并不意味着教师可以放松甚至偷懒，事实上，教师要花更多的精力和时间在备课上，如寻找素材（如背景音乐、图片、视频）、制作PPT等。

例如，在教学优美的散文《西风胡杨》时，我通过播放音乐、文字、图片相结合的视频《额济纳的胡杨》，让学生们欣赏了胡杨之美，激发了学生的学习兴趣，营造了良好的课堂气氛。学生在多媒体的帮助下，进入了诗意飞扬的氛围，领略了胡杨的风采。

（三）引导想象，带进诗境

曾经读过一句话："数学是思维之花，语文是想象之果。"在语文课堂学习中，学生要在联想与想象中走入诗境，悟情入境。

《我家门前的海》选自苏教版语文五年级下册。我在教学的时候主要引导学生分四步：第一，在诵读中感悟，即反复诵读，充分入境；第二，在评析中体味，通过讨论品读，交流体会；第三，在联想中拓展，展开想象，感知意境；第四，深入探究意境，拓展延伸。其中重要的一步就是在联想与想象中走入诗境。

通过精美的多媒体课件，展示一系列以唯美的大海景象为主的图片，再通过积极引导学生进行大胆想象，学生能更快地领会大海的自然风景之美、环境之美、生活之美、人文之美。本是优美动人的散文，加上合理的、大胆的联想，学生能够感受到更具有诗情画意的语文之美。

四、德育渗透，让语文更具诗韵

德育是语文教学中必不可少的。学生首先应该学会做人，其次是做事，最后才是做学问。诗意的德育教学，更能触动学生心灵。因而课堂的结束语不应是课堂的终止，而应是课堂的延伸，富有创意的结束语像一部经典的电视剧，能让学生口留余香，回味无穷。因而，教师要善于运用"结束语"启发学生思考，使其将从课堂中学到的知识延伸到自己的实际生活中。苏教版语文四年级下册课文《母亲的呼唤》反映了母亲对孩子的殷切关怀和无限爱意，表达了人世间真挚、和谐、美好的亲情。讲完这篇课文，我把《游子吟》和《孝心无价》中的名句作为结束语：

(一)

慈母手中线，游子身上衣。

临行密密缝，意恐迟迟归。

谁言寸草心，报得三春晖？

(二)

赶快为你的父母尽一份孝心：

也许是一间豪宅，也许是一片砖瓦；

也许是大洋彼岸中的一只鸿雁，也许是近在咫尺的一个口信；

也许是一顶乌黑的博士帽，也许是作业本上的一个满分；

也许是一桌山珍海味，也许是一只野果一朵小花；

也许是花团锦簇的盛世华衣，也许是一双洁净的旧鞋；

也许是数以万计的金钱，也许是一枚含着体温的硬币……

在"孝"的天平上，它们等值。

翻越策略之山

通过这样的结束语，把学生带入如诗如画的奇妙境界，慈孝心灵得到洗礼；把德育渗透在语文课堂中，课文中的感情延伸到了课外，联系了生活实际。

五、互动沟通，让师生如诗交流

语文是最贴近学生心灵的学科。教师的爱、鼓励和帮助，能够间接地让学生对学习产生兴趣。除与其他学科教师一样与学生进行个别谈话外，学生习作、日记、周记也能成为语文教师和学生之间沟通的桥梁。

学生犯错了，悔过了，我给他们的评语是："今日若能做个知错能改的好孩子，他日必定成为顶天立地的大丈夫"；学生有爱心，捐出了自己的零花钱给别人，我这样评论："上善若水，厚德载物。你小小的善举，大大地帮助与感动了别人，爱心无价"；学生考试考砸了，我写批注安慰他们："长风破浪会有时，直挂云帆济沧海"……当然，除了这些看似平淡无奇的话，还必然要写些口语或者更亲切的评语。"诗意般的相处"融合了师生之间的真情，拉近了师生的距离。

"路漫漫其修远兮，吾将上下而求索。"在工作中，既有"得意"也有"失意"，但只要教师认真反思自己的不足，不断摸索和学习，一定会有更大的进步与提升。语文处处皆学问，诗情课堂尽精彩。语文教师如果能让语文课诗意飞扬，那么学生必定会对语文产生更加浓厚的兴趣，体会到语文带来的无限乐趣，快乐地学习与成长。

借助"快乐读书吧"提升学生
阅读能力的研究

统编版教材"快乐读书吧"栏目的设置，其初衷就是通过快乐阅读的方式，激发学生对整本书的阅读兴趣，将课堂教学与课外阅读有机结合起来，从而实现教育提质增效的目标。围绕这个目标，对如何提高学生课外阅读的有效性，全面提升学生的阅读能力，笔者从以下三个大的方面进行了一些探讨和尝试。

一、影响学生阅读兴趣的主要成因

(一) 阅读素材鱼目混珠

在电子产品满天飞的当今社会，静下心来认真读一本书已成为一种奢求。先不说各种光怪陆离的视频对学生的诱惑，即使有能让学生静下心来看的书，你也会发现大部分是没有什么营养价值的快餐网文，很少有学生会把经典名著奉为珍宝。"劣币驱逐良币"的"格雷欣效应"同样在文化阵地上演，毕竟追求感官刺激的快餐网文更符合当下人们的浮躁心态，而经典书籍大多枯燥乏味让学生缺乏兴趣。有调查显示，快餐网文在当今学生阅读中所占比重越来越大，能提高学习成绩的辅助类读物和经典名著类的阅读几乎排到了最后。

翻越策略之山

（二）缺乏正确的阅读观

1.教师唯分数思想根深蒂固

一些教师唯成绩论的狭隘格局严重影响了对课外阅读的推进，他们认为阅读课外书籍是浪费时间，不如让学生多背课本内容、多刷几道题更实在，根本不关注学生的语文素养。即使有相当一部分教师认识到了阅读的重要性，但对学生的阅读没有给予有效的指导，"放羊式"或任务式等的安排都未能对学生的课外阅读起到应有的作用，甚至适得其反。

2.家长对阅读的认识有偏差

一些家长也焦虑地认为读闲书不利于提高孩子的成绩，不如学好书本上的知识。因此，学生在校内外错误观念的影响下，对课外阅读的正确认知无从谈起。

（三）缺少适合阅读的素材

近年来，虽然国家在基础教育方面的投入每年都在增加，但在一些偏远地区学校，适合学生阅读的书籍还是偏少。尽管一些农村学校经过教育创强、创现后配备了阅览室，但一些农村学校的阅览室设备简陋，往往都是"铁将军把门"，学生鲜有机会进入阅览室；就算开放，因为那些书籍"有数量，无质量"，真正适合小学生阅读的科普类、儿童类、"读书吧"类的读物少之又少；学校偶尔也会为了迎合上级的检查搞一阵风式的读书活动，过后便置之不理，因而学生也是走马观花，阅读质量无从谈起。学生在这样的环境中不会形成良好的阅读习惯，更谈不上知识的储备和更新拓展。

二、提升学生阅读能力的有效策略

（一）重视"快乐读书吧"的课堂教学，实施有效的阅读性指导

从目前调查的情况来看，对于"快乐读书吧"的教学，很多教师不够重视，没有计划，没有教案，对"快乐读书吧"的教授形式随意化，教学内容蜻蜓点水。因此，教师要清醒地认识到，"快乐读书吧"是开展课外阅读的桥梁，是指导学生有效阅读的重要途径。实施有效的阅读教学策略，可以从以下三个方面展开。

1. 激发兴趣，让课堂充满"智趣"

"快乐读书吧"这个栏目的设置已给我们指明了读书的重要途径——快乐。没有谁会对一件没有趣味、只有消极和打击的事情感兴趣。因此，在"快乐读书吧"教学的导入上，教师要懂得创设情境，让学生感知书是丰富多彩的。例如，我在教学《快乐读书吧——读读童谣和儿歌》时，创设了"书虫"这个可爱的伙伴，让它介绍自己的性格爱好，引导学生模仿也介绍一下自己的性格爱好。然后，以"书虫"作为小主人公介绍自己的百宝箱展示图书的分类，点亮学生阅读兴趣之灯，同时巧妙地与新课对接。如此设计，一方面，既让学生在快乐、轻松的氛围中开启阅读，激发学生的兴趣，又符合小学低年级学生"幻想童话"发展期的年龄特点；另一方面，既能巧妙地将其与教学内容相衔接，又可以将学习任务生动地分解在一个个子任务之中，让学生在玩中学，在学中乐，打造"智趣"课堂。

2. 猜想阅读，激发学生阅读渴望

如果阅读没有想象力，则毫无乐趣可言。猜想阅读能充分发挥儿童爱想象的天性，是符合儿童认知规律和成长需求的阅读方式。通过猜想，让学生带着质疑的态度，可保持较高的阅读"兴奋"，与文本不断碰撞，从而激发学生主动探究的欲望，达到整本书阅读的目的。

猜想的方式可根据学情的需要变化多样，它可以从课题处猜想，牵一发而动全身，达到对课文的整体把握；可以从紧要处猜想，揣摩写作技巧的奥妙；可以从留白处猜想，让文本在想象中丰盈；可以从结尾处猜想，让思维的深度得到拓展。

3. 设计导读单，引导学生深入阅读

导读单是指向阅读的方法和策略，主要通过图文并茂的方式呈现阅读的要点和任务。它比传统的批注更灵活多样，更贴合学生的身心特点，让学生心到、手到、理解到，真正参与到阅读中来，锻炼学生学会从文本中提取信息、概括总结的基本技能，而且还能让学生的思维立体化，思考路径清晰可寻。

小学阶段"快乐读书吧"的内容各有侧重，因此必须根据不同内容设置不同的课型，如导读课、拓展课、交流课、推进课等。要在不同的课型中使用不同的导读单，做到有规划、有层次、有目的地阅读，从而达到对整本书的深入阅读。

（二）激发阅读热情，鼓励学生分享读书心得，展示读书成果

在课堂上鼓励学生分享自己的读书内容，也是"自主、合作、探究"课堂模式的需要，它更能充分调动学生的学习积极性，让学生主动参与到课堂教学中。在这种轻松愉快的课堂气氛中，学生的学习热情高涨，自信心得到培养，分享欲得到释放，表达能力得到提升，思维得到拓展。通过这种口头的或文字张贴形式的分享，让学生获得成就感，从而激发他们对课外阅读的进一步探求。

另外，在课后把自己的读书内容分享给朋友、家人等，会形成各种不同的读书圈子，营造一种君子之交的读书氛围。同时，学生的空闲时间不再围着电子产品转，解决了家长的一大烦恼。

（三）搭建阅读平台，培养学生良好的阅读习惯，提升阅读能力

读书氛围不够，这是目前乡村小学普遍存在的现象。很多老师感叹，在新课程标准改革的大力推进下，各科课程必须开齐开足，让学生挤时间进行课外阅读显得有心无力。但是，"双减"政策的落实已给课外辅导机构画了红线，"课外托管"的重任已转给了学校。因此，学校要充分利用托管的时间，为学生打造阅读的第二课堂，提供良好的读书环境，确保学生的阅读量得到最基本的保证。因此，学校要购置合适的书籍，在教室设置图书角，安排学生做好借书登记，为学生开心阅读铺路搭桥。

学校要利用"双减"制造的家庭空间，把课外阅读带进家庭，开展亲子读书活动，让读书变得可亲可爱。或者，让家长陪学生通过观看有关名著的影视剧的方式达到阅读名著的目的，实现快乐读书，共同交流。家校的无缝衔接，才能培养学生良好的阅读习惯，提升阅读能力，让阅读成为一种生活方式。

三、结束语

在"双减"政策背景下，教师应打造高效阅读课堂，激发学生对整本书的阅读兴趣，进行有效的阅读方法指导，结合学校的各种读书活动和多元化的评价方式，让学生在轻松、快乐的氛围中感受阅读的快乐，爱上阅读，学会阅读，养成良好的阅读习惯，提升学生的语文核心素养。

［注：此文是2021年度广东省教育科学规划重点课题"融合'快乐读书吧'元素，提升学生读写能力的研究"（课题编号：2021ZQJK065）的研究成果］

翻越策略之山

让学生在多元阅读中提升阅读素养

《义务教育语文课程标准（2022年版）》总目标明确指出，要让学生"学会运用多种方法，具有独立阅读能力"。抓好课外阅读，提高学生的读写能力，是每一名语文老师义不容辞的责任，我们应多渠道拓宽课外阅读的途径，提高学生的读写能力。

一、内外结合，拓宽阅读视野

奥维尔·普瑞斯特科在《给孩子读书的父亲》中说："很少有孩子会主动喜欢上阅读，通常都必须由某个人引领他们进入书中奇妙的世界。"这给了我们启示，如果你的学生体会不到课外阅读的趣味性，尽管你在课堂上声嘶力竭地要求孩子多阅读，也很少有孩子会主动喜欢上阅读。

我根据学生爱听故事的特点，从少年版《意林》中选择了一些故事性强的文章读给他们听。例如，网络上热播韩红演唱的一首歌《天亮了》，这首歌感情丰富、细腻，班里的孩子也很喜欢这首歌，每天的课前一首歌时间都是在反复哼唱这首歌。刚好《意林》刊登了韩红创作这首歌曲背后的感人故事，我把故事念给孩子们听，他们听得很动情，从而对《意林》产生了浓厚的阅读兴趣，班上兴起了《意林》的阅读热潮，课余谈论的都是里面的故事。为了激发孩子们朗读的兴趣，我又效仿中央电视台热播的《朗读者》节目，在班上开展同样形式的"朗读擂台赛"活动，每星期二的下午课外活动时间为朗读精彩章节的时间。孩子们声情并茂地朗读了《可爱的中国》

《草房子》《珍惜》《昆虫记》《小英雄雨来》《稻草人》《沁园春·长沙》《帽子的秘密》《夏洛的网》《呼兰河传》《红星照耀中国》《纸短情长——美得窒息的宋词》《可爱的中国》《小王子》《将进酒》《一百个中国孩子的梦》《毛泽东传》等众多经典作品。孩子们仿佛找到了课外阅读的源头活水，他们自觉利用课余时间，一次又一次地练习高声朗读文章，良好的朗读风气的形成使课外阅读无须再督促。

二、资源共享，丰富阅读体验

鲁迅先生曾告诫少年朋友要广泛阅读，博采众长。为了丰富学生的阅读体会，教师应为学生推荐适合其年龄特点、利于拓宽学生视野、增长学生见识的课外读物，让学生深入持久地阅读下去，养成习惯，从而提高读写能力。

（一）设置阅读阵地

通过多元阅读提高学生的读写能力，首先要设置阅读阵地。这就为开展课外阅读的统一指导提供了可能。捐赠图书可以从老师做起，先从自己的书架上选择适合小学生阅读的图书放在图书角形成雏形，以此让全班同学效仿，拿出自己喜爱的图书，既可以是中外名著，也可以是作文指导书，还可以是社会科学类图书。"图书角"建成后，由同学们自主管理、随借随还。

多元阅读不但要在班级内设置"图书角"，还可以在学校内围绕主题进行"图书传阅活动"。例如，以"每天阅读半小时，幸福生活一辈子"为主题的图书传阅活动，让学生把自己阅读过的图书带到学校进行传阅，把文学的、科技的、艺术的……各类书籍在不同班级、不同年级、不同学生之间传阅，让学生进行更大范围的阅读，在多元阅读中潜移默化地提高学生的读写能力。图书传阅，不仅仅是书籍的传阅，更是知识在孩子们心间的流淌，荡涤着孩子们的心灵。

（二）确保阅读时间

保证学生有阅读的时间。老师应明确要求学生每天"一进教室就读书，读好书"。然后减少书面作业，增加阅读作业，要求学生每天阅读一篇好文章，每周写一篇读书笔记，每月读一本好书。同时开展"好书推行官"活动，精彩地呈现经典书籍。例如，阅读《放风筝的人》《四世同堂》《家》《寂静的春天》《俗世奇人》等，让他们在分享中体悟到阅读的精彩，推进读书活动的开展，更能够提高他们的朗读能力。

阅读时间还可以在课后托管时间中划分出一定的时间，让学生在规定的时段进行统一阅读，使学生的阅读时间得到保证，而不只是徘徊于书本和作业之间。规定的时间段沉下心来进行阅读，对于阅读习惯的形成和阅读效率的提高都有着举足轻重的作用。

（三）拓宽阅读渠道

指导学生博采众长的最好办法，是结合阅读教学引荐相关的名家名品，让学生在名家的笔下开阔眼界，增长知识，也能加深他们对课文内容的理解。例如，教授《草船借箭》一课时，我推荐学生阅读《三国演义》，孩子们兴趣高极了，尤其是男同学，几乎人人都想读"三国"。骆建宇同学最突出，集齐了《三国演义》全套四十八本书。那段时间学生一围在一起就讲《三国演义》，什么"三顾茅庐""三气周瑜""三英战吕布""火烧赤壁"……讲得头头是道。学生尝到了课外阅读的甜头，自然而然就养成了自觉阅读的习惯。

（四）展示阅读收获

在教室的文化墙报上开辟"好书推荐"栏目。"好书"可由老师推荐，也可以是同学之间互相推荐，更鼓励家长给孩子们推荐，每两周更换一次。同时依托统编版教材新开辟的"快乐读书吧"板块，分年段推荐阅读，保证既有传统精品，也有热销图书。

为了让每个学生读有所获，可以让全班学生每人准备一本"读书笔记"，摘录优美句子、段落。每月最后一周的星期三开展摘录"好词佳句"评选活动，把"优秀作品"在学习园地上展示。长此以往，学生厚积薄发，作文中不乏优美的词句，语言表达文通意顺，习作水平不断提高。此外，还可以举办班级"诗词会"，设置冲关比赛，如第一关是必答题，第二关是抢答题，第三关是附加题，通过"诗词会"为学生提供展示自我的舞台，激发学生学习古诗词的兴趣。

还可开展特色阅读活动。例如，制作书签、给作者写信、好书推荐手抄报、清廉故事我来讲、制作科普小报、思维导图—情节梳理、将国学知识呈现在手工扇面上，等等。在制作书签的比赛中，各种各样的书签承载着同学们的智慧，传达着他们对书籍的喜爱。有的学生用树叶制成书签，清新别致；有的学生绘制了自己喜欢的图画，精美灵动；有的学生写下了自己喜欢的名言，鼓舞人心。一片片精美的书签吸引着读者，让人忍不住要打开书本去看看书里奇妙的世界。

三、授人以渔，提高阅读素养

南宋学者陈善说：“读书须知出入法。”统编版教材新开设的“快乐读书吧”板块旨在引导学生在阅读相关书目中掌握阅读方法，并能举一反三，延伸到更多的课外阅读中去。对于二年级的孩子来说，在“快乐读书吧”“读读童话故事”这部分的阅读中肯定会遇到很多不懂的地方，需要老师给他们渗透阅读方法。例如，在品读精彩文段时，孩子们遇到了“照料”“热心”等几个读不懂的词语，老师让他们把词语送回到文本中，鼓励他们尝试联系上下文猜想词语的意思，让学生在轻松的氛围中不知不觉地掌握了联系上下文来猜测词语意思的方法。再如，在尝试复述故事的环节中，老师可以让孩子们借助课文的插图，边观察边想象，先在小组中互相复述，增强他们的自信心；再通过“故事大王”评选活动，让他们分享阅读的快乐；最后提醒他们在阅读童话故事时要关注书里的插图，这样可以帮助我们记住这个有趣的故事，是一个很好的阅读方法。

“读书百遍，其义自见。”拓宽课外阅读渠道，让学生在广泛的阅读中汲取养分，是提高学生写作能力的法宝，是语文教学的重要组成部分，是陶冶学生高尚情操的有效办法，是语文教育的永恒主题。

[注：此文是2021年度广东省教育科学规划重点课题“融合‘快乐读书吧’元素，提升学生读写能力的研究”（课题编号：2021ZQJK065）的研究成果]

翻越策略之山

为学生配上阅读之钥

温儒敏教授曾经说过："语文教学最重要的任务就是在学生的心里培养阅读的种子。"为了培养学生的阅读能力，提高阅读质量，统编版语文教材中精心安排了教读课文和自读课文，也将课外阅读纳入其中。每一册都编排了"快乐读书吧"的板块。

"快乐读书吧"是课外阅读的代表性栏目，作为一种阅读导向，它强调的是生生互读、整本阅读、兴趣阅读、亲子阅读、师生互动交流。它致力于学生阅读兴趣的培养，引导学生感悟阅读的快乐，让学生拓宽阅读视野，掌握阅读技巧和方法，从阅读中汲取养分。

一、巧用示例读本，激发阅读期待

统编版语文教材在每一册的"快乐读书吧"设计中都提供了相关的示例读本及提示语，示例读本和提示语对问题的设计和讨论有一定的侧重，对学生的课外阅读起着导向作用。以二年级上册"读读童话故事"为例，在教材中一共提供了《小鲤鱼跳龙门》《歪脑袋木头桩》《孤独的小螃蟹》《小狗的小房子》《一只想飞的猫》5本童话故事书。老师可以引导学生在一年级的暑假时间阅读其中一本，在课堂教学中，让学生根据自己读过的童话故事，一同交流读后感。这样互相推荐、共享和探讨，既能引发学生的读书兴趣，还能形成一本书带动多本书的阅读氛围，也在这样快乐温馨的阅读环境中，提升了学生的阅读期待。

再如，一年级上册中"快乐读书吧"的主题是"读书真快乐"，一共给出了四个场景图，在这四幅图中，其中一幅展现的是亲子阅读的场景，写着"我经常和爸爸妈妈一起读有趣的故事书"。老师就可以指导学生观察画面，了解亲子阅读的快乐与温馨，充分发挥教材中场景图的引领作用，让学生在家中和自己的父母一同阅读，一同分享，一同交流，伴着书香快乐成长。从而让学生从"快乐读书吧"中积极地吸收养分，激发学生的阅读期待、阅读兴趣。

二、创设阅读情境，培育阅读兴趣

小学生年纪尚小，正处在长身体、学语言的最佳时期。在这一时期，我们可以运用"快乐读书吧"的课外阅读资源，训练学生的语言能力，让他们感悟阅读的乐趣、体验阅读的奥妙。

（一）观赏与表演结合

小学生活泼好动，教师可以根据他们的特性，立足于书本上的故事情境，引导学生将这些精彩的故事情节作为表演的源泉，让他们自主地对故事进行演绎，开展编一编、演一演的活动。在个性化的体验和趣味性的教学情境中，潜移默化地让学生产生浓厚的阅读兴趣。例如，教师可以利用多媒体设备给学生们播放《神笔马良》的动画片段，激发学生自主阅读的兴趣；通过自主阅读，学生得以初步了解故事内容；最后以小组合作的形式在课堂上自编自演，将童话故事转变为趣味横生的童话剧。通过这样的方式，学生在读一读、演一演的情境中自然而然地获得了个性化的体验，增强了阅读的积极性。

（二）范读与共读互补

小学阶段是学生语言训练最关键的时期，教师在教学中要充分发挥"快乐读书吧"板块的功能，创设示范朗读情境，拨动学生阅读的心弦，让学生在老师声情并茂的朗读中感受语言的魅力；要运用自己的肢体语言，给予学生情感上的渲染与熏陶，从而提升学生阅读的兴趣；引导学生感悟文字的奥秘，体会语言的魅力，领悟文章的意境。教师还可以与学生合作，进行师生

翻越策略之山

共读，通过互动式的朗读培养学生的阅读兴趣。比如，在一年级下册"读读童谣和儿歌"的"快乐读书吧"部分，老师可以创设小伙伴们对话交流的情境，引导学生借助教材上的拼音，自主读一读《摇摇船》，让学生以想象为基础，以朗读为宣泄口，将感情释放出来。当学生发自内心、充满真情地朗读时，就能感悟情感之美、语言之美。

三、依据提示信息，培养阅读习惯

（一）根据提示语模拟情境

统编版教材在"快乐读书吧"板块中设计了一些阅读导向提示，比如，在二年级上册"读读童话故事"的"快乐读书吧"中展示了这样的提示语："每次读完书，我都小心地把书收好，不把书弄脏。"这时老师就可以根据提示语，对学生们进行引导，让他们养成"好读书，爱护书"的好习惯。在课堂上，教师可以让学生进行情景模拟，模仿教材中看书的小朋友的样子，小心翼翼地将书包里的童话书拿出来，再小心翼翼地放在自己的书桌上，阅读完毕后又整整齐齐地放回原处。然后大家比一比，看谁的童话书封皮最干净，没有折角，没有皱褶，以此教育学生爱护书籍，增进对书本的爱惜之情。

（二）根据提示语"顺藤摸瓜"

但凡正规课外读物，其封面、书名、作者、出版社、目录、定价等信息一应俱全，我们可以根据这些信息了解读物的基本情况。通过目录查找自己喜欢的章节阅读，也是一种很好的读书方法。例如，《大头儿子和小头爸爸》里就有这样的提示语："看书的时候，要学会看目录。目录告诉我们书里主要写了什么，要读的内容从哪一页开始。"教学中，教师可以针对这样的提示语，引导学生依次阅读故事书的封面、作者、目录，然后根据目录阅读相应的故事内容。这样一来，学生可以快速地了解整本书的结构，从而提高阅读效率。

四、搭建展示平台，丰富阅读收获

俗话说："好孩子是夸出来的。"人人都希望得到别人的肯定和赞赏，天真活泼的小学生同样期待得到老师和同伴的赞美和鼓励。因而，教师在"快乐读书吧"的教学过程中，应为学生搭建表演的舞台，为学生提供展现自我的机会，满足小学生表现自我的欲望，帮助学生建立阅读自信。教师可以推荐《没头脑和不高兴》一书。当学生阅读完之后，对童话故事产生兴趣时，老师可以借助这一契机，为学生推荐其他书籍，如《土土的故事》《大大大和小小小历险记》《我是一个可大可小的人》《一个天才杂技演员》等，引导学生从自己的兴趣爱好出发，选择一本自己喜欢的故事书阅读，并且要求学生在一个星期之内将自己选择的故事书读完。在大家读完后，组织召开班级"故事会"，由学习小组推荐一名组员为大家讲故事，指导学生从"我读了一本什么书？""我采用了怎样的读书方法？""故事中哪些精彩的故事情节给我留下了深刻印象？""我搜集了哪些精彩的语句？"等方面分享，分享的内容可以是读书之后的感想，也可以是书中所讲的故事情节，让学生立足于自己的阅读过程，畅所欲言。此外，老师要趁势引导其他学生给予演讲者掌声和肯定，让小学生在展示自我的过程中树立学习的信心，享受阅读的乐趣。当一名学生讲完之后，老师再邀请其他学生上台交流阅读感受，让学生对他人所阅读的书籍产生阅读渴望，从而丰富阅读收获。

在"快乐读书吧"的教学实践中，老师应开发多种阅读资源，有针对性地利用阅读策略，巧妙地对接教学内容，将核心目标分解在一个个板块中，让学生学有所成，学有所获。

同时，在教学中要凸显快乐元素，抓住低年级学生的年龄特点，引导学生与教材深度对话，为学生配上课外阅读之钥，让学生在自主阅读和积极阅读中养成快乐阅读、终身阅读的习惯，从而提高学生的语文综合素养。

翻越策略之山

参考文献：

［1］方保梅.小学语文"快乐读书吧"的教学价值与有效运用［J］.读
　　　写算，2020（22）：97-99.

［2］刘娟.小学语文低学段"快乐读书吧"教学策略的初探［J］.智
　　　力，2021（2）：99-100.

　　［注：本文系广东省2021年度中小学教师教育科研能力提升计划项目
"融合'快乐读书吧'元素，培养学生读写能力的研究"（立项编号：
2021ZJK065）中期研究成果］

构建、探索乐学的语文课堂

子曰："知之者不如好之者，好之者不如乐之者。"对小学生来说，兴趣是使他们乐于认识某种事物或活动的主要心理倾向，是引起和维持他们注意力的一个重要的非智力因素。所以，一旦小学生的兴趣被激发出来，教学就会取得事半功倍之效。在新课标背景下，我们教师应尽可能创设丰富的教学环境，激发学生的学习动机，培养学生的学习兴趣，使学生愿学、乐学、善学，从而更好地提高小学语文的课堂效率。

一、创设情境，诱发学生学习兴趣

在教学活动中，通过图像、声音、动画、游戏等形式，给学生以形象生动、新鲜直观的视听感受，对具有强烈好奇心的小学生来说，这有着极强的吸引力。因此，在小学语文课堂中，结合教学内容恰当地创设生动活泼的视听情境，必定能产生"先声夺人"的诱导效果，大大激发学生学习的兴趣。

例如，在《怒吼吧，黄河》一文的教学中，我播放大家每周升旗必唱的《义勇军进行曲》，我先问学生："同学们，刚才大家听到的歌曲，知道出自哪部电影（《风云儿女》主题曲）吗？歌名是什么？（生大声答：《义勇军进行曲》）"接着播放《黄河大合唱》，问："谁知道这首歌曲的歌名叫什么？是谁谱曲的？"这时，学生议论纷纷，摸不着头脑。面对学生的疑惑，我并没有当场揭晓答案，而是播放了一段黄河气势磅礴、滚滚向东流的

翻越策略之山

视频，此时，学生们已经心领神会，迫不及待地翻开了课文《怒吼吧，黄河》，最后顺势导入："今天，我带大家到母亲河——黄河去旅游，投入黄河的怀抱，感受一下黄河的喜、怒、哀、乐。"由于创设出了使学生视听得以满足的情境，极大地诱发了学生的求知欲，他们都迫不及待地打开书本阅读起来。

除利用声音、图像外，在语文教学中，利用学生喜闻乐见的动画、游戏诱发学生语文学习动机也是行之有效的途径。例如，在教学《齐天大圣大战二郎神》一文时，教师可以制作一些课文中的主要人（如孙悟空、唐僧、猪八戒、二郎神……）或物（如水帘洞、花果山、猴子……）的动画让学生观看，制作头饰让学生扮演课文中的人物进行情境游戏，借助动画、游戏，让学生在玩中学、学中乐。

学生在自己熟悉的音像、动画、游戏中学习，既获得了视听享受，又有效地激发了学习兴趣。创设这样的教学情境，学生会更乐于学习。

二、调节课堂气氛，增强参与意识

陶行知说："学生有了兴味，就会用全副精力去做事。所以，学与乐是不可分离的。"小学生天性好奇、贪玩，对"乐趣"很浓的游戏有着强烈的兴趣。在语文课堂中，教师应根据教学内容和学生学习情况选择合适的游戏教学，让学习知识和娱乐完美结合，使学生在游戏过程中亲身体验、主体参与的同时受到启发，寓教于乐。这种生动活泼的形式，会增强学生学习语文的乐趣。

例如，我在低年级的语文教学中，就常采用以下三种游戏教学方式。

（一）找朋友

我先制作好正反义词、汉字组合、拼音的声母与韵母等卡片，让学生拿着其中的一张去找另一张。一名学生说："找呀找，我的好朋友在哪里？"与其卡片对上的学生就说："我是你的好朋友，你的好朋友在这里。"如果找错了，被找学生就说："错错错，赶快再找好朋友。"

（二）逛超市

为了检查学生的课外识字情况，我设计了要求学生能正确地读出识字材料的游戏。我让学生把搜集到的标有汉字的商标、广告和自制的卡片一起放在不同的桌子上，让学生按要求分组去找，比赛谁的收获多。

（三）猜猜猜

让学生看动作猜词语、看口型猜字母、讲故事猜谜语等。

教师有效地将学与乐的游戏结合后，课堂气氛非常活跃，学生在"玩"中学、学中"玩"，对知识的掌握速度会更快。可见，游戏教学不仅能活跃课堂上的学习气氛，还能调动学生的学习积极性，使学生快乐、高效地学习语文。

三、引导学生自主探究，培养学生创新能力

学生是学习的主人，培养学生的学习兴趣，既是教学的初衷，更是教学的目的。传统的语文课堂由教师主宰一切，学生只能在老师喋喋不休的讲述中接收知识，在"标准答案"的指挥棒下变得唯唯诺诺，永远跟在老师后面，亦步亦趋。因此，学生往往会在语文课上出现"上语文，头就昏"的怪象。把学习的主动权还给学生，培养学生的探究意识和探究习惯，让学生在探究学习中体验学习的过程和方法，体验在探究中获得新知和提高能力的乐趣，这能让学生充满自信心和成就感，主动积极地全身心投入语文学习活动中。

例如，在《故宫》一文的教学中，首先，我让学生观看了故宫的图片，整体感知课文内容后，抓住了太和殿部分进行教学，并和学生一起总结学习方法。其次，把时间交给学生，将全部学生分成若干个四人小组，让学生按学法借助画图开展小组合作探究，在小组探究过程中，学生兴趣浓厚、气氛活跃，基本上自主理解了课文内容。最后，我还让学生动手为故宫的建筑物做"门牌"，并把自己做好的"门牌"贴在课后的"建筑物"上，在班上展示评比，以"导游"身份带全班同学游览故宫。

这种教学设计，提倡学生动脑、动手、动口，能让学生"动"起来，让

翻越策略之山

课堂"活"起来，真正把传授知识的过程变成学习交流和自主探索的过程。它既给了学生自主学习的权利，又给了学生自主探究的时间，更给了学生独立思考的空间。学生的学习方式转变后，兴趣也得到培养，学习效果自然也会大大提高。

四、改变评价机制，促进学生主动发展

评价的主要目的是全面了解学生的语文学习历程，激励学生的学习和改进教师的教学。我们应努力构建一种新的评价机制：从评价标准的个性化、评价方法的多样化、评价主体的多元化、评价过程的人性化等方面去激励学生，培养学生积极的学习态度和良好的学习品质，以及创新精神和实践能力，帮助学生认识自我、树立信心、发展兴趣，为学生的终身发展奠定基础。

例如，在考核学生的"听、说"能力时，我将"教师作为主考官、学生接受考核和考试"的传统方式，转变为"学生自己充当评委，给自己和同学评分，我只是作为指导者和观众"的新方式。在进行"听写、默写"检查时，我让同桌之间互听、互改，交流评分，自主纠正；在口语评价中，则让学生听完发言后，小组合议，每小组再派出一人作为代表在班上进行评价；在"写作能力"考核时，我让学生互相批改打分，自己只在学生评价后，有目的地抽查，点优揭差，取长补短；在日常检测时，我甚至采用"免监考"的方式进行。这些民主的、充满人性化的多元评价方式，会增进师生之间的信任感，并能使学生在轻松的环境中充分地展现自己、发展兴趣、发挥潜能，从而得到主动发展。

总之，创设良好的课堂氛围，构建乐学的语文课堂，能充分调动学生的学习兴趣，使学生的智力活动呈现最佳状态，并保持学习和探究的持续热情，从而有效提高课堂教学的效果，提升语文学科的教学质量。

参考文献：

［1］陈惠珍. 新课标下中学体育教学中学生学习兴趣的培养［J］. 井冈山医专学报，2009（4）：70–71.

［2］王洛倩. 创设良好的英语氛围，提高学习兴趣［J］. 现代阅读（教育版），2011（2）：79–80.

［3］钱霞. 注意各个教学环节，激发学生的学习兴趣［J］. 中国校外教育，2009（5）：22，70.

翻越策略之山

课堂练习设计要体现"五性"

新课程理念倡导减轻学生的课业负担，让学生在愉快的情境中实现我要学、我爱学、我会学、我学会的目标。这就要求教师在设计练习时注重对学生创造思维的培养，设计出变异性练习，培养学生的求异思维、主动意识和进取精神。然而，在一线教学中，许多教师设计练习时经常出现这样的弊端：练习无目的性，目标失度；练习无层次性，深浅无度；练习无针对性，效果不佳。那么，如何在小学语文教学中通过优化课堂练习达到既减轻学生负担、提高课堂效率，又提高课堂质量的效果呢？我认为这需要语文课堂练习设计体现"五性"。

一、针对性

注意练习设计的针对性是提高练习效率的重要一环，每节课的知识都有各自的重难点。因此，要做到：重点内容反复练，难点内容着重练，易错地方突出练。例如，教苏教版语文六年级上册《山海关》这一课时，学生对课文中"耸立、屹立"这两个词语理解比较困难，我联系这个单元的《开国大典》中出现过的词语"挺立"以及常用的"矗立"，在教学中使学生体会这四个词的细微差别，以突破难点。接着，我对这四个词语进行辨析，然后设计这样的填空练习：①中国（　　　）在世界的东方；②山海关，就（　　　）在万里长城的脖颈之上；③在一横一竖的交点的南面，场中（　　　）着一根电动旗杆；④一座古朴典雅的"丝绸之路"巨型石雕，（　　　）在西安市玉祥门外。要求学生用预先设计好的卡片分别填入"耸立、屹立、挺立、矗立"这四个词语，接着调动卡片的位置要求学生回答："能不能用这个词，为什么？"在学生得出正确答案后适时总结各自的用法，最后引导学生分别用这四个词造句，这样就加强了他们对这四个词的理解。再如，苏教版语文五年级下册《猫》这一课，它的重点是了解作者是怎样写出猫的性格特点的，因此，课堂练习设计不能离开这个重点。在教学中，我按照"找—说—写—用"这样的思路设计课堂练习。

（1）用"_____"在文中画出描写猫的性格有些古怪的句子认真去品读，再从中感悟猫的性格的古怪。

（2）用"猫的性格实在有些古怪。说它……吧，可是……"的句式说说猫的性格。

（3）写出猫高兴时的一些动词，如"蹭、伸、跳、踩"，根据这些动词去体会猫高兴时温柔可亲的性格。

（4）试用其他的关联词，概括地说明猫的性格。例如，"既……又……"，通过这样的练习，学生抓住重点词语，了解了猫的性格特点。

二、层次性

要精心设计层次性练习，即练习设计要由浅入深、由熟到巧，循序渐进地进行，练习内容一般可划分为"会—熟—活"三个层次。例如，教苏教版语文四年级下册《鲸》一课时，我设计了这样三道练习题：①课文从哪些方面介绍了鲸的特点？（捕食、呼吸、睡觉）②说说课文是用什么方法把鲸的特点写具体的？（列数字、举例子、作比较）③分别用"列数字、举例子、作比较"的方法将下列句子补充完整。

（1）四年级一班有女生_____名，占全班人数的_____。

（2）在公路旁踢球很危险，_____。

（3）与_____相比，地球是渺小的。

另外，在一个班中，因学生的学习情况参差不齐，同一课的练习题也可对他们提出不同的训练要求。例如，在设计苏教版语文六年级下册《两小儿

翻越策略之山

辩日》一课的课堂练习时，我设置了这样几个爬坡似的练习题：①基础题：在学生熟读课文的基础上，要求全体学生按课文内容填空；②巩固题：要求学困生口头翻译课文；③提高题：要求中等生创造性地把这篇文章复述一遍；④发展题：要求优等生以"两小儿给自己的启示"为题，在课堂上即席发言，谈谈自己的感受。这样的设计既能保证学困生"吃得下"，又能使优等生"吃得饱"，全面提高了学生的课堂参与度，激发了学生的课堂兴趣，让学生体验到学习的喜悦与快乐。

三、多样性

在练习设计时要经常变换形式，就练习的对象而言，要力求广泛，使全班学生都有练习的机会；就练习的方式而言，要做到形式多样；就练习的题型而言，既要设计填空、判断、选择、比较句式，又要设计阅读、应用等。如在教完《桂林山水》这篇课文后，我设计了这样的练习：

①可以抄写描写颜色的词语或优美的句子；②可以写一句赞美桂林山水的话或给桂林山水设计一句广告词；③可以把本篇课文课内外学到的知识设计成题目考考大家；④可以尝试以导游的身份为桂林山水作讲解；⑤可以画一幅桂林山水风景画来表现桂林山水的美。

（以上作业，学生自选一至二题做）

这样的作业，体现了练习的多样性，给了学生一个选择的范围，他们可以选择口头练习也可以选择笔练，能力强的可选择较难的题做；能力弱的，可以选择做简单的题。但是，学生又具有好强的心理，有的学生往往会知难而进，还有一部分学生会在自己的"最近发展区"去跳一跳，摘到"果子"。这样的练习有利于培养学生动手、动口、动脑的能力。

四、趣味性

"兴趣是最好的老师"，课堂的练习设计要具有趣味性，形式要活泼多样，才能激发学生的学习兴趣，提高课堂练习效果。例如，教苏教版语文一年级上册《自己去吧》时，我在课前制作了"小猴""小鸭"和"小鹰"的头饰，课堂上由全班同学选举最有表演天分的"小猴""小鸭"和"小鹰"在班级模仿表演，让学生先模仿学习，熟悉文本内容，再让学生在学习小组中根据文本表演剧情。这样一来，整节课学生热情高涨，兴趣盎然，气氛活跃到"沸点"，练习效果不言自明。此外，我还使用"火车传话"这一游戏练习形式，即围绕重点将所学内容总结为两句话，将两句话分别写入卡片分到每组"火车头"中，让他们记住卡片内容，然后口头传给下一个同学，直至传到最后一个同学，"顺传"后又"倒传"，看哪组传得快、记得快，直至记熟为止。学生在"传话"中兴致很高且注意力高度集中，这样的训练既有利于学生听说训练的培养，又达到全员参与的目的，也让学生及时掌握了课文的知识。这样的课堂练习突出了"趣"味，使学生在"玩"中学到了新知识。

五、创新性

创新性的练习，即通过运用已有知识经过思维迁移和集中而取得学习效果的练习，这种训练有利于发展学生的创新性思维，培养学生的创新能力。

例如，在教苏教版语文二年级《秋天》这篇课文前，我布置了一个观察作业，让每个学生在大自然中寻找一样表现秋天的事物，再把它绘出或剪下。课堂上，我在黑板上张贴了一张大白纸，让每个学生都将自己的成果贴在白纸的适当位置上，同时附上一句赞美秋天的话。这样一来，学生便有了表现的"舞台"：有的贴出一把金黄色的稻穗，说"秋天到了，稻谷成熟了，农民伯伯的脸上绽开了幸福的花朵"；有的贴出一行大雁，说出"秋天到了，大雁排成一字，飞向温暖的南方"；有的在中间贴上一棵大柿树，说"秋天到了，柿子熟了，黄澄澄的柿子把树枝压弯了腰"；有的在下方摆了一盆菊花，说"秋天到了，五颜六色的菊花开了，多美呀"；还有的在菊花旁贴出了两个身着秋装的孩子，并说"秋天到了，天气凉了，幼儿园的小朋友穿上了温暖的毛衣，正在观赏菊展"……不一会儿，学生不仅贴成了一幅秋天美景图，而且训练其说话的目的也达到了。再如，教完《将相和》《窃读记》等课文之后，引导学生自由选择角色和表演伙伴，组成表演小组，利用课外活动时间，把课文的语言变成自己的语言，再加上合理想象，并配上一些动作、表情，让全班学生进行话剧表演练习，最后由学生评出最佳创意、最佳演员、最佳合作、最佳编剧等奖项，让每个学生都能享受到成功的喜悦。

教学有法，教无定法。我们在语文教学实践中，如果要培养学生的创新能力，提高课堂教学效果，就要精心设计课堂练习，力求练习内容多元、形式多样、角度多变。课堂练习体现"五性"，就能激发孩子学习的积极性和自主性，从而提高学生的语文能力和素养，为《义务教育语文课程标准（2022年版）》下的语文学习增添活力，增加魅力，让学生通过练习而不断进步。

设计有层次性的作业或练习，既要有基础练习题，有知识巩固题，也要有能力提高题，让优秀生"吃得够"，中等生"吃得饱"，差等生"吃得入"，学生自由"摘果"，各取所需，这样"整体"和"个体"都吸收到"雨露"而共同成长，最后达到共同提高的目的。

（此文获信宜市论文一等奖，并在广东省教育厅主管刊物《广东教学》第2579期发表）

农村小学口语交际训练方法浅探

《义务教育语文课程标准（2022年版）》明确指出口语交际的目标：使学生具有日常口语交际的基本能力，在各种交际活动中，学会倾听、表达与交流，初步学会文明地进行人际沟通和社会交往，发展合作精神。但是，农村学生很大一部分是留守儿童，生活圈子狭窄，面对陌生人时显得羞涩，想说话但又不敢开口说话，这严重阻碍了其与人交往的能力，但现时社会是一个瞬息万变、人际交往频繁的社会，农村学生与城市学生的交际能力差异也成了农村学生长大后难以媲美城市学生的根源之一，成为名副其实的"山里娃"。

当前，农村大多数儿童由于社会环境的限制，其交际能力的养成在很大程度上依靠在学校训练。但是，客观地说，农村的大多数语文教师对教材编排的口语交际训练内容不够重视，部分语文教师把语文教学和口语交际训练割裂开来，存在教育思想落后、教学方式单一陈旧等问题；有的则显得心有余而力不足，在开展口语交际教学中像老鼠咬鸡蛋——无从下口；有的在教学中只是简单地让学生反复阅读交际素材了事，学生根本得不到应有的训练；有的让学生通过寻找各种各样的教辅资料，寻找所谓的"标准答案"；甚至有些语文教师为了让学生在考试中获得分数而写"下水文"，让学生抄下来死记硬背。凡此种种，均体现出教师对学生口语能力的训练重视不够，或者说口语交际教学方法"黔驴技穷"，忽视了对农村学生交际能力的培养，致使学生口语交际能力较低，无法适应现时的社会交往需求。

那么，教师应如何走出当前口语交际教学的误区，找到行之有效的训练方法，使农村学生的口语交际能力得到有效提高呢？在多年农村一线的语文教学经历中，我摸索出了一些行之有效的训练方法。

一、训练内容生活化

口语话题来源于生活，在口语交际训练中，要重视在小学生的"日常生活中锻炼口语交际能力"。因此，口语交际的话题要符合学生的年龄特点，选择贴近他们现实生活的熟悉的话题，让学生有话可说，激发学生口语交际的欲望，用学生感兴趣的话题作为教学的内容，使他们主动参与交际训练活动。例如，我在教三年级的口语交际《劝说》时，先让学生欣赏一组图片：爸爸和妈妈晚饭后都坐在沙发上玩手机的情景，然后让学生在小组中讨论、交流：应该怎样劝说爸爸妈妈呢？这时，同学们纷纷讨论起来。接着播放姐姐与爸爸的对话录音，让学生读，明确口语交际的目的要求，老师归纳出劝说的三大法宝：以礼待人、以理服人、以情动人。学生一下子就明确了"劝说"要怎么劝了。然后再出示一些图片，让学生接受更大的挑战：有闯红灯的小方，有乱丢纸屑的小红，还有上课开小差的小明。让学生分组讨论、交流，再演一演、评一评。这样，通过引导，学生自然就会兴趣盎然、滔滔不绝。

除激发学生的口语交际兴趣外，创设贴近学生实际、形象逼真的生活场景，也是一种很好的交际训练途径。四年级下册《语文百花园（六）》中口语交际的话题与学生生活贴近，话题内容宽泛，易于学生表达。在教学设计时，我首先引导学生联系自己的生活实际，说一说曾经遇到过哪些难过、委屈的事，此时如果别人安慰了你，你有什么感受？让学生明确学会安慰的重要性。接着，由课本中的第一个情境引入，引导孩子们学习在同伴之间如何安慰对方。在教师引领之后，让学生围绕另外两个情境自主学习、小组讨论。学生有的说：别人的安慰使自己不再担心了；有的说：使自己感受到了温暖；有的说：使自己感到被人理解了。在整个讨论过程中，学生说话的兴趣十分浓厚。

这样的口语交际活动，场景真实自然，学生乐于参与、敢于说话，交际欲望可以得到有效激发。在愉快的气氛中，既使自己的口头表达能力得到训练，也使自己话语的条理性、准确性不断提高，一举多得。

二、训练形式多元化

小学生的注意力差，容易"走神"，这就要求交际训练形式要力求多样化。课前名句欣赏，课中即兴发言、故事会、辩论会、语文知识竞赛、读书心得交流、诗文朗诵比赛、学做主持人等，都是促使学生持久学"说"的好形式。

例如，教学六年级下册《小产品、大推介》时，我设计了"看—想—演—说"的多种训练形式。首先，通过多媒体播放信宜钱排镇"品果节"拍卖会的视频，听有关本地水果"李子"的产品介绍；其次，播放一段买卖"李子"时讨价还价的市场交易短片，让学生进行买卖"李子"的课堂模拟表演；最后，让学生小组交流，选出"推销员"登台，模拟交易场景向大家推销自己最熟悉、最了解的小产品。课堂上，有些同学推介了美味的香蕉，有些同学则从色、形、味和产品功效方面推销了信宜特产——大成山楂，也有些同学介绍了自家种植的百香果……教室俨然成了一个"商品发布会"。

可见，教师采用生动活泼、丰富多彩的方式，通过观看录像、角色模拟、小品表演、作品展览、评比竞赛等活动形式，以及利用教材中阅读课文的"留白"创设对话的情境，都能为学生参与口语交际训练营造很好的氛围，让学生在"玩、演、画、做、辩"等不同的形式中进行口语交际训练，并形成持续而浓厚的交际兴趣，提高口语交际能力。

三、训练方法多样化

（一）示范训练法

学校是学生成长的沃土，教师是学生的引路人，学生日后"口语交际"能力的高低，学校教育起到重要作用。因而教师必须从"说话能力"做好"示范动作"。教师可引导学生选取自己最熟悉的动物（如小狗、小兔、小

翻越策略之山

猫、小鸡等）进行介绍，如在教学五年级下册《介绍一种动物》中，我从小狗的外貌、体态、生活习性和性情特点等进行示范介绍，然后让学生进行小组讨论，确定自己最熟悉、最感兴趣的小动物，按照老师所教的方法，在班上汇报。由于学生有"样"学"样"，大多数学生都能有条理地介绍自己熟悉的小动物。

（二）互动训练法

学生口语训练，重在实践，贵在坚持。教师要想方设法让学生想说敢说，坚持训练，师生互动是"引路"，生生互动是"走路"。教师可以在课堂上鼓励学生大胆地与教师对话，在学生回答问题时，对说话并不是很流畅的学生"带说"，引导学生把话说完整、说成句。此外，可以组织同桌之间、小组之间互说互议，全班再说再议，让学生在倾听、练说、评议、辩论中互动交流，取长补短，相互促进，共同提高，在课堂的学习活动过程中培养学生良好的听说习惯、发展交际语言。俗话说，"台上三分钟，台下十年功"，口语交际能力的形成不是一蹴而就的，它要通过持之以恒的不懈训练才能收到效果，不能仅靠短短的课堂45分钟为学生提供的单一的交际平台，生活才是交际的大舞台。因此，应让学生多与家长、朋友、社会上的人进行互动，进行交际，在生活中与人交往。例如，在每年学校的"六一"或"元旦"联欢会上，为学生创设互动舞台，演小品、说相声，与家长互动，与观众互动，通过扩大互动范围，反复训练，不仅可以巩固学生的口头语言，还可以发展学生的交际能力。

（三）实践训练法

口语交际能力的培养，"教"只是一个被动的接受形式，"学"才是学生交际能力提高的根本。例如，上完三年级下册《故事会》后，我让学生自由地选择演讲内容，在班上组织了一场别开生面的故事会——先由小组成员在小组内演讲故事，组内评选一名优秀"演讲家"参加班级演讲，然后选派优秀学生代表主持演讲，选派学生代表做"评委"，并评选出"演讲之星"进行表彰奖励。我用手机全程拍摄，连接教学平台"现场直播"，这样一来，课堂俨然成了一个演讲的大舞台，全体学生均得到了口语实战的有效训练。因此，我们除重视通过课堂教学加强口语交际训练外，还需要引导、组织学生参加诸如参观、访问、调查、慰问、联欢等社会活动，通过这些活动，使学生在实践中得到培养和发展。

（四）模拟训练法

诚然，组织学生参加社会实践活动会受到一定时间、空间的限制，特别是对山区学生来说，机会更是少之又少，因此，教师应尽可能利用语文活动课或课余活动时间在校内开展模拟训练，组织一些模拟社会交际的场景活动。例如，模拟在推介家乡"旅游"活动中当小导游，向"游客"介绍家乡的风景名胜、风土人情；模拟在"购物商场"活动中当售货员，向"顾客"介绍、推销商品；模拟在"餐厅"当服务员，向顾客介绍美食；还可以模拟"法官"审批班上的"民事纠纷"等。这样的活动学生乐于参与，也为学生将来走向社会进行实际的交际活动打下基础，其口语交际能力自然就会得到提高。

口语交际是我们日常交流的主要渠道，交际能力直接影响学生日后的工作和生活。作为新时代的语文教师，应该正确地把握学生口语交际训练的要求，运用科学的教学手段，通过有效的训练方法，提高学生的口语交际能力，为他们适应社会提供有效的训练途径。

翻越策略之山

攀登实践之山

创新作业设计，助力"双减"落地

——六年级上册第三单元作业设计

　　小学语文作业是语文课堂教学的延伸与拓展，是学生练习和巩固所学语文知识、提高听说读写能力和语用能力，进而形成学科思维和情感价值观的重要保证。为有效落实"双减"政策，除了要在课堂教学中深耕细作，还要积极探索"'双减'背景下"特色作业新模式，依据《义务教育语文课程标准（2022年版）》、单元语文要素和本年级学生的特点，创新作业布置，全面开发学生的思维和创新能力，力求让知识在实践中得以迁移和运用，以作业促进能力发展。如何让作业具有创新有意义，既能聚焦核心素养，又能唤醒童真，从而进一步激发学生学习兴趣，提高其完成作业的积极性？我在教学过程中对小学语文作业的设计做了如下新的尝试。下面是统编版语文六年级第三单元的创新实践作业。

一、单元概况

（一）对应单元

统编版教材六年级上册第三单元。

（二）人文主题

阅读策略：有目的地阅读。

（三）语文素养

根据阅读目的，选用恰当的阅读方法。

（四）单元目录

精读课文：《竹节人》（2课时）。

精读课文：《宇宙生命之谜》（2课时）。

略读课文：《故宫博物院》（1课时）。

（1）习作：_____让生活更美好（2课时）。

（2）语文园地（1课时）。

（五）作业完成时间

六年级语文每周6课时，完成第三单元教学任务需要2周，共12课时（其中，8课时用于教学，4课时用于完成随堂作业）。

二、作业定位

本单元是阅读策略单元，围绕"有目的地阅读"这一阅读策略编排了《竹节人》《宇宙生命之谜》《故宫博物院》三篇文体各不相同的课文，旨在引导学生学习并掌握基本的阅读策略，形成运用阅读策略的意识，成为积极的阅读者。基于本单元的语文要素和每篇课文的特点，单元整体化作业设计时整合基础类作业，关注"双基"；综合类作业，关注综合素养；创新实践类作业，关注能力发展。

三、作业目标

（1）掌握本单元生字表中的生字和词语表中的词语。

（2）根据不同的阅读目的，选择合适的阅读材料。

（3）运用适当的阅读方法，完成阅读任务。

（4）学习写某人做事入迷的情境。

（5）学习用逐条说明理由的方式，有条理地表达观点。

攀登实践之山

四、作业内容

《竹节人》精读课文内容，如表1所示。

表1 《竹节人》精读课文的内容

课前预习作业	课中随堂作业	课后巩固作业	周末综合类作业
读课文，画生字词，不懂的词语查字典。你关注哪些内容？是运用什么阅读方法解决课后习题的？	根据不同的阅读目的，关注不同阅读内容： 1. 写玩具制作指南，教别人玩这种玩具。 2. 竹节人给人们带来的乐趣。 3. 讲一个与老师有关的故事。	完成课后练习。利用所学的阅读方法，完成一篇阅读短文。	调查爸爸、妈妈或爷爷、奶奶小时候的玩具，感受现在生活的美好。 动手制作竹节人或自己喜欢的玩具，带回学校，和同学分享玩法。

《竹节人》课后巩固练习

（1）根据拼音和语境，在括号里写出正确的词语。

弟弟和妹妹比赛谁能将bīng gùnr（   ）的木棒立起来，虽然每次木棒都tuí rán（   ）倒下，可是弟弟丝毫不感到jǔ sàng（   ），仍然不知pí juàn（   ）地尝试。最后还是弟弟jì gāo yì chóu（   ），取得了胜利。

（2）把词语补充完整。

威风（ ）（ ）　　　　化为（ ）（ ）

弄（ ）成（ ）　　　　全神（ ）（ ）

（ ）（ ）眈眈　　　　别出（ ）（ ）

（3）下列词语中书写全都正确的一项是（   ）。

A. 嵌入　疙瘩　大步留星

B. 冰棍　领悟　别出心栽

C. 雕刻　跺脚　心满意足

D. 趴下　蹲着　忘乎所已

（4）阅读《竹节人》时，如果想体会传统玩具给人们带来的乐趣，就要仔细阅读（　　），其他内容浏览就可以。

A.制作竹节人的过程

B.斗竹节人的种种情形

C.老师没收竹节人却偷偷玩竹节人的内容

（5）读句子，总结方法，并按要求写一写。

下课时，教室里摆开场子，吸引了一圈黑脑袋，攒着观战，还跺脚拍手，咋咋呼呼，好不热闹。常要等老师进来，才知道已经上课。

"跺脚拍手"是人物的_____描写，"咋咋呼呼"是表示_____的词，句子通过人物的动作、语言等描写形象地写出了同学们玩竹节人入了迷的情境，"常要等老师进来，才知道已经上课"，这是_____描写，这也体现了同学们的入迷。

请选择在生活中做某件事入迷的情境（看书、看电视、做作业、玩玩具……），并试着用一段话描述出来。

_____

_____

_____

（6）阅读课外选段，按要求作答。

最好的发明永远都不会结束

德国工程师卡尔·本茨发明第一辆石油动力汽车时，他所发明的不仅是带轮子的发动机，他所驱动的是彻底改变社会结构的全新行业。同样，英国计算机科学家蒂姆·伯纳斯·李不仅建成了世界第一家网站，同时也为万维网奠定了基础。这两位先驱都不可能预料到自己的所作所为产生的影响。

谷歌被推出时，人们惊奇地发现只要往电脑里敲几个字，他们就可以找到想要了解的一切。背后的操作机制在技术上非常复杂，但由此得出的结果却相当简单直观：那就是一页文字，其中包含10个蓝色的链接。这确实比什么都好，但按照今天的标准还没有好到极致。

攀登实践之山

于是我们的创业合伙人拉里·佩奇和谢尔盖·布林像其他成功发明家一样不断改进。他们开始引入图片。毕竟，人们想要的不仅是文字。2000年格莱美颁奖仪式后上述趋势开始显现，颁奖仪式上珍妮弗·洛佩兹的一袭绿裙吸引了全世界的注意。在那时，它成了互联网有史以来最流行的搜索热词。但我们无法为用户提供人们想看到的东西：珍妮弗·洛佩兹身上那条裙子的图片。谷歌图片搜索应运而生。

地图是另一个典型的例子。当人们在谷歌上搜索地址时，他们要找的不是提到这条街道的链接，而是想要知道如何到达那里。于是我们作出了可以点击、拖动和轻松浏览的地图。现在地图已经成了谷歌不可或缺的组成部分，以至于多数用户或许都无法想象没有电子地图是什么样子。

我们的许多变化也是如此。随着时间的推移，我们的搜索结果日臻完善。谷歌天气能够显示你所在地区未来数天的预报结果，为你节省了大量的时间和精力。

科学发现的机遇总是等着爱思考的人，最好的发明永远都不会结束。

① 读第1自然段抓住关键词填写表格，如表2所示。

表2 关键词填表

人物	职业	发明	影响力
卡尔·本茨			
蒂姆·伯纳斯·李			

② 阅读时要注意提取主要信息，请抓住关键词简单概括，把谷歌的改进过程写完整。

文档搜索→（　　　　）→（　　　　）→（　　　　）

③ 回答下列问题。

A.把能表达本文中心观点的句子用"＿＿＿"画出来，并写出这句话的作用。

_____

_____

_____

B.为了证明自己的观点，作者列举了哪些事例？

_____

_____

C.为了完成任务B，你是怎样读这篇文章的？

_____

_____

《宇宙生命之谜》精读课文分析，如表3所示。

表3　《宇宙生命之谜》精读课文分析

课前预习作业	课中随堂作业	课后巩固作业	周末综合类作业
1．读课文，画生字词，不懂的词语查字典。 2．思考：生命存在的条件是什么？地球之外的太空中是否有生命存在？	1．生命存在必须具备什么条件？ 2．哪些星球是不存在生命的星球？人类是否有可能移居火星？开展辩论赛，结合资料及自己的理解，就宇宙中的其他星球有无生命展开辩论。	1．完成课后练习。 2．利用所学的阅读方法，完成一篇阅读短文。	1．围绕"宇宙生命"查询、搜集相关知识。 2．整本书阅读：《宇宙的奥妙》，制作阅读卡或者读书小报，在班级成果分享角展示。

《宇宙生命之谜》课后巩固练习

（1）在括号里写出正确的词语。

　dǐ　yù　　　　　　qīng　jiǎo　　jiē　kāi
（　）（　）紫外线　　火星的（　）（　）　（　）（　）宇宙之谜

（2）依次填入下面句子中横线上的词语，最恰当的一项是（　　　）。

通过近距离_____还发现，以前_____到的火星表面上所谓颜色的四季变化，并不是由于植物的生长和枯萎造成的，而是由于风把火星表面上的尘土吹来吹去，才造成了颜色明暗的变化。火星上到底有没有生命物质，还需继续_____。

A.观测　观察　考察

攀登实践之山

B. 观察　观测　考察

C. 观测　观察　考试

D. 考察　观测　观察

（3）下列句子中运用的说明方法不属于"列数字"的一项是（　　　）。

A. 水星离太阳最近，向阳时表面温度达到300～400摄氏度，不可能存在生命

B. 1971年，美国发射的"水手9号"探测器进入了环绕火星飞行的轨道

C. 火星的大气层非常稀薄，96%是二氧化碳，氧气含量极少

D. 宫城呈长方形，占地72万平方米，有大小宫殿70多座、房屋9000多间

（4）读下面的例句，注意加点的部分，选择一个话题，用这种方法写一写。

人们认为天体上若有生命存在，至少应有这样几个条件：一是适合生物生存的温度……二是必要的水分……三是适当成分的大气……四是要有足够的光和热，为生命体系提供能源。

话题一：竞选班级体育委员（文娱委员、学习委员……）

话题二：向妈妈请求，每周三放学后去踢一会儿足球（去器械区玩一会儿、去图书馆看书一小时……）

_____

_____

_____

_____

（5）阅读课外选段，按要求作答。

中国有两处以生产木版年画花纸著名的地方，一南一北，地名都很风雅有趣，北方的在天津附近，名杨柳青；南方的在苏州附近，名桃花坞，两处出产的年画在风格上有些不同。桃花坞的年画趋向细腻精致，着色模仿绘画，题材也偏重士大夫趣味，多是"姑苏万年桥""西湖十景""连中三元""五子登科"之类。从前人说笑话，苏州人最文雅，就是灵岩山下抬轿的，也显得文绉绉的。桃花坞既在苏州，那里的年画出产自然也免不掉受到

这种影响。而且，桃花坞年画的销路多在江南一带，自然就要适合江南人的口味了。

正如这两个地名所示，桃花坞有点脂粉气，杨柳青三字则朴素爽朗，两地出产的年画在风格上也有这样的差异。杨柳青年画的销场是在北方一带，年画的题材总是以北方人人通晓的京戏故事居多，特别是有侠义成分的武打戏，如《八蜡庙》《白水滩大战青面虎》之类。此外就是民间传说，如"老鼠嫁女""目莲救母"。也有少数略带风雅气味的，那是专销京城开封洛阳一带读书人家的。杨柳青年画的刻工比较粗壮，着色也喜欢用大红大绿，无意模仿绘画。这是民间艺术的本色，因此我一向喜欢杨柳青年画的这种风格，觉得苏州桃花坞的年画，敷粉描金，不仅不风雅，有时反而显得太俗气了。

这里所说，当然都是指两地的出品在五十年以前的情形，也就是像我们这一辈的人，在儿童时代所见到的贴在家中墙上的那些花纸年画。自从西法石印流行以后，这些用木版套色和手着色的年画，起先是为时势所迫，模仿石印，接着自身却还是被石印所打倒，于是美女月份牌就替代了木版年画，出现在穷乡僻壤人家的墙壁上了。这些月份牌都是"红锡包""哈德门"一类的广告，外国资本挤垮了民族手工业，就是在过去年画的兴替上也看得出来。

木版年画是我国民间艺术重要的一个部门，和版画图籍一样，该是我国今后版画艺术发展的源头。荣宝斋式的套印木版适宜于艺术品的复制，杨柳青式的木版年画则更适宜于创作版画。对于这一份文化遗产，近年已经有人加以注意，整理研究，恢复生产。最近更将有《杨柳青年画资料集》、清代《京剧版画》出版，都是整理杨柳青旧年画的产品。近来我国的木刻家很喜欢搞套色木刻，可惜多在西洋套色木刻旧风格上摸索，因此色调都是看来灰沉沉的没有精神，这是因为西洋套色木刻总是模仿日本浮世绘的，日本江户时代的套色木版就是这种风格。我们自己有更好的师傅在，何必去向别人学呢？

① 比较桃花坞和杨柳青的年画有什么不同，抓住关键词填写表格，如表4所示。

攀登实践之山

表4　两种年画的区别

种类	桃花坞年画	杨柳青年画
产地		
风格		
题材		

② 作者在说明桃花坞和杨柳青年画的特点时，运用了哪些说明方法？
（　　　）

A. 举例子、列数字

B. 打比方、列图表

C. 作比较、列数字

D. 作比较、举例子

③ "我们自己有更好的师傅在，何必去向别人学呢？"这里的"师傅"是指？（　　　）

A. 西洋套色木刻艺术

B. 日本风俗画

C. 我国传统木版年画工艺

D. 懂得西洋套色艺术的木刻家

④ 你希望我国传统木版年画传承下去吗？说说你的理由。

_____

_____

⑤为了完成①②小题任务，你是怎样读这篇文章的？

_____

_____

《故宫博物院》略读课文分析，如表5所示。

表5 《故宫博物院》略读课文分析

课前预习作业	课中随堂作业	课后巩固作业	周末综合类作业
1. 读课文，画生字词，不懂的词语查字典。 2. 文中四则阅读材料分别讲了哪些方面的内容？	根据学到的阅读方法有侧重点地阅读；为家人设计故宫参观路线，游故宫时为家人介绍景点。	1. 完成课后练习。 2. 利用所学的阅读方法，完成一篇阅读短文。	1. 网络查看最新的故宫博物院资料（教材是2016年的资料），然后有选择性地为同学们作介绍。 2. 带家人游览莲花湖，并为家人讲解一个景点。

《故宫博物院》课后巩固练习

（1）把词语补充完整。

（　　）（　　）有序　　　乐声（　　）（　　）

（　　）（　　）奇巧　　　惟（　　）惟（　　）

烟雾（　　）（　　）　　　迥然（　　）（　　）

（2）（多选题）如果为家人计划故宫一日游，画一张故宫参观路线图，就要重点阅读以下（　　）内容。

A. 故宫博物院主体建筑的详尽介绍

B. 重修太和门的故事

C. 故宫博物院官方网站里关于北京故宫的简介

D. 故宫博物院平面示意图

（3）阅读下面两则材料，回答问题。

材料1：我国遵循"引进先进技术，联合设计生产，打造中国品牌"的指导方针，高铁技术实现了"引进技术—中国制造—中国创造"的三阶段跨越式发展。中国高铁，已成为中国装备制造业最具全球影响力的代表符号之一，同时也是"中国创造"的最佳诠释。尤其是高铁的核心部件——牵引电传动系统和网络控制系统，已成功实现百分之百的"中国创造"。

目前，我国是世界上高速铁路系统技术最全、集成能力最强、运营里程最长、运行速度最高、在建规模最大的国家。中国高铁，这个最美的国家名片正快速走向世界。

材料2：以下是3月31日G1653次列车从莆田到厦门北的信息表，如表6所示。

表6　G1653次列车从莆田到厦门北信息表

车次	出发/到达时间	出发/到达车站	历时	参考票价	
G1653	12：44 13：31	（过）莆田 厦门北（终）	47分钟	二等座	¥49
				一等座	¥78

① 下列选项与所提供材料内容不相符的一项是（　　）。

A. 高铁已渐渐成为广东旅客首选的出行交通工具

B. 我国高铁技术实现了"引进技术—中国制造—中国创造"的三阶段跨越式发展

C. 中国高铁的核心部件已完全实现"中国创造"

② 根据材料有关内容，概括中国高铁成为最美的国家名片的原因。

_____

_____

_____

③ 根据"材料2"提供的信息，请你拟写一则广播稿，向乘客介绍G1653次列车从莆田到厦门北这一段行程运行的时间情况。

各位乘客朋友，你们好！欢迎您乘坐G1653次列车。本次列车_____。祝乘客朋友们旅途愉快！

五、设计意图

《竹节人》是一篇很好的阅读材料。我设计本课作业的时候，紧扣单元语文要素。一方面，让学生通过阅读文本，完成一份竹节人的制作指南，这样既锻炼了学生提取关键信息的能力，又使其在潜移默化中习得阅读策略；另一方面，让学生通过制作竹节人或者其他喜欢的玩具，让其在制作的过程中感受自制玩具的乐趣，培养学生的想象力和创造能力，促进学生综合素质的发展。学习《宇宙生命之谜》这篇课文的时候，我引导学生抓住"宇宙中，除了地球，其他星球是否也有生命存在"等一系列的问题。在教学过程中，抓住时机，把学生分成几个小组合作学习，要求他们团结协作，相互交流各自所查找的资料共同探究学习，随后开展辩论赛，结合资料及自己的理解，就宇宙中其他星球有无生命展开辩论，并推荐阅读书籍《宇宙的奥妙》，极大地激发了学生阅读的兴趣。

　　本单元作业设计体现了灵活、有趣又实在的原则，有基础性练习、课中探索性作业，也有课后开放综合性作业；涉及信息提取、语言概括、思维发散、口语交际等方面的能力考核。形式上有文字阅读整理、动手操作、生活沟通，丰富的作业形式增加了学习的趣味性，学生对作业的兴趣异常高涨。

攀登实践之山

古诗三首

【教学目标】

1. 认识"渚""轼"2个生字，会写"德""鹊""蝉"3个生字。

2. 抓住诗句的描写，展开想象，由画面感悟景物的特点。

3. 感悟画面美的同时，理解诗的意思，体会诗句中蕴含的思想感情。

【教学重难点】

重点：通过语言文字展开想象，在脑海中再现景色的美，并分析、感悟景色的特点。

难点：体会三首诗写月夜景色所表达的不同情感。

【教学过程】

（一）诗人诗句连连看

出示学生耳熟能详的诗句，与诗人对应连起来。→板书课题。

（二）课前预习成果展

读准字音："蝉"是翘舌音→指名读三首诗词→交流作者资料。

（三）品析字词悟诗情

1. 学习《宿建德江》

（1）释诗题。

（2）明诗意。这首诗中的哪个字、哪个词在向你传递诗人的情绪，可以做做记号。

自由读诗，圈出不理解的字词。借助注释、工具书试着理解诗句的意思。

（3）悟诗情。作者的新愁是什么呢？带着对作者的理解，有感情地朗读全诗。

（4）总结学法：释诗题→明诗意→悟诗情→朗读积累。

2.学法迁移：学习《六月二十七日望湖楼醉书》

（1）运用学习《宿建德江》的方法——四环节学习法，学习古诗《六月二十七日望湖楼醉书》。

（2）交流：诗题和古诗的意思→有感情地朗读全诗。

（3）教师指导，深入理解。

①诗歌描写了怎样的画面？→这是一场怎样的雨？是从哪里看出来的？

②感受到诗人怎样的写作风格？（豪迈，善用比喻。黑云翻墨、白雨跳珠、卷地风来、碧水如天）

（4）有感情地朗读古诗，背诵古诗。

3.学习古诗《西江月·夜行黄沙道中》

（1）释题：西江月（词牌名），夜行黄沙道中是词的题目：晚上走在黄沙岭的山路上的所见所闻。

（2）品读词句，感悟内容。

①听录音，画出节奏。读准并读出节奏。

②品读上阕：把作者看到的、听到的分别用不同的符号标注出来。

A.交流。看到的：明月、别枝、惊鹊、稻子；闻到的：稻花香；听到的：蝉鸣、蛙声。（想象丰收的景象，用自己的话说一说，出示丰收的图片，图文对照，理解诗句意思）

B.说说这是一个怎样的夏夜？（清幽、静谧的夏夜）

C.配乐有感情地朗读，前两句读出"幽"，后两句读出"喜"。

③品读下阕：借助注释和工具书自主感悟、自主交流，相机指导朗读；想象作者看到熟悉的茅店后的神态、动作、语言，感受作者的喜悦心情→指名读、比赛读→配乐朗读。

（四）诗词对比，感受不同

同样写的是月夜景色，这三首诗词中作者的情感一样吗？

（五）交流其他描写月夜的诗句

（1）露从今夜白，月是故乡明。

（2）海上生明月，天涯共此时。

（六）布置作业，课外拓展

（1）朗读、背诵并默写古诗。

（2）搜集辛弃疾的其他作品读一读。

【板书设计】

古诗词三首

宿建德江：

愁

六月二十七日望湖楼醉书：

黑云翻墨、白雨跳珠、卷地风来、碧水如天

西江月·夜行黄沙道中：

看到的、听到的、闻到的

为人民服务

【教学目标】

1. 会写"彻、迁"等9个字，正确读写"革命、解放"等17个词语。

2. 有感情地朗读课文，背诵第2～3自然段。

3. 理解课题对全文的统领作用，把握各自然段之间的内在联系。

4. 结合"阅读链接"，理解含义深刻的句子，体会"为人民服务"的思想内涵，进行革命人生观的启蒙教育。

【教学重难点】

重点：品味细密严谨、极具气势的语言，结合演讲特点，体会"为人民服务"的思想。

难点：学习引用、对比、举例等论证方法，初步感受议论文论证严密的特点。

【教学过程】

（一）创设情境，激情导入

播放阅兵式片段：听口号——为人民服务→揭示课题，读课题。

（二）初读课文，整体感知

（1）自由朗读课文，要求：读准字音，读通句子。→检查生字词，反馈，相机指导。

（2）这篇课文是毛主席为谁写的？介绍张思德，讲议论文。

（3）这篇课文的观点是什么？围绕"为人民服务"讲了哪几个方面的

内容？

（三）探究文本，学习论证

（1）找出第1自然段的中心句。重点理解"完全""彻底"2个词。

（2）本文围绕观点是怎么具体、深入地展开的？找出每段的中心句，提炼关键词。

（3）小组合作学习→重点学习第2、3自然段，体会"引用、对比、举例子"这三种论证方法。→根据汇报，相机点拨。

（4）学习第2自然段的论证方法。

① 这段的中心句是哪一句呢？对待死的态度到底是什么呢？

② 引用。理解"人固有一死，或重于泰山，或轻于鸿毛"，为什么要引用司马迁的话呢？→积累关于生死的名言。毛主席的第一招就是引经据典。

③ 对比。两个"死"的意思→通过鲜明地对比两种"死"的不同意义，增强了说服力。→引导朗读，读出两种"死"的不同感情。

④ 举例子。事实胜于雄辩，生活当中的张思德同志就是一个活生生的例子。

⑤ 练习背诵第2自然段。

（5）小结：学习议论文，这样抓关键句的观点、抓论证的方法很重要。

（四）举一反三，深化理解

第二段运用了引用、对比、举例子的方法来证明自己的观点，用这样的方法自主学习另外三个部分。

1.学生合作学习

学生合作学习"如何对待批评"和"如何对待困难""如何对待队伍里死去的同志"三部分的内容，说说是用什么方法论证的。→师生交流，相机点拨。

2.如何对待批评

出示课件：

每句话讲了什么意思？用什么关联词语连接在一起的？把关联词删掉或

者颠倒句子的顺序行不行？→举例子："精兵简政"证明我们不怕批评→熟读成诵。

3.如何对待困难和死去的同志

毛主席是怎样表达自己的观点的，做好批注。

（五）阅读延伸，踏上红色经典之旅

课后查找有关革命先辈的事迹的资料。

（六）小练笔

以"有志者事竟成"为话题，用举例论证的方法写一写。演讲自己仿写的片段。

【板书设计】

为人民服务（议论文）

如何对待"死"	如何对待批评	引用
如何对待困难	如何对待死去的同志	对比、举例子

攀登实践之山

青 花

【教学目标】

1. 继续学习课文，理解文章内容。通过重点词句理解课文内容，体会青花瓷艺人追求完美、不断创新的精神。

2. 通过导学案的引导，抓住重点词句进行阅读分析，会阅读批注、阅读质疑。

3. 热爱青花瓷艺，赞颂青花瓷人，有创新的"冲动"。

【教学重难点】

重点：体会作者对文中所描写的青花瓷艺人追求完美、不断创新精神的赞赏之情。

难点：引导学生结合课文内容，理解重点句子的含义以及表达的情感。

【教学准备】

搜集青花的图片文字资料、课件。

【教学过程】

（一）复习引入，激发学习兴趣

通过上一节课的学习，我们认识了被称为"景德镇四大传统名瓷之首"的青花，大家还记得青花是什么样子的吗？（配乐《青花瓷》读）

人间瑰宝——青花瓷

其瓷——胎骨细腻，晶莹柔润；

其花——清新明丽，幽静雅致；

其釉——光亮洁净，白中泛青；

其色——青翠欲滴，永久不褪。

能做出这样"人间瑰宝"的究竟是怎样的人呢？（是"我"的父亲和像他一样的青花艺人）上一节课我们体会到父亲对"我"的默默期盼和良苦用心。〔板书："父亲（默默期盼）、我（苦苦寻觅）"等字样。〕那么父亲到底在期盼什么呢？儿子又是怎样完成了父亲的任务，成长为青花瓷器的合格接班艺人的呢？今天我们就再一次走进课文去体会。（板书课题）

（二）深入学习，体会"我"苦苦寻觅

（1）学生齐读第5自然段，"这两句话用了什么修辞方法？起到了什么作用呢？"

（2）再自由读第5～16自然段，思考：这一路寻找，"我"都经历了哪些迷惘和艰辛？是什么引领着"我"苦苦寻觅、苦苦求索，最后走出迷惘，灵光闪现，茅塞顿开？

出示课件（自学提示）：

① 为了得到制作青花的家传配方，"我"是怎样寻找那片残缺的青花的？主要经历了哪几个阶段？

② 画出描写"我"的心理活动和父亲神态变化的语句。

③ 小组成员之间讨论、交流自己的心得。

（3）小组学习、讨论、交流，指名反馈。（板书：寻找—复制—创造）

① 请学生交流"寻找青花"这部分内容，教师相机引导学生理解以下句子。

A."我如饥似渴地翻阅关于青花的书籍，渴望能在艺术的海洋中探访到那片青花。"

"我"心情急切，内心充满了渴望，但想要做到谈何容易，但却依然执着，甚至连做梦……用这种特殊的方式表达着"我"的急迫和无奈。

B."终于，有一天，我在一堆破碎的瓷片中找到了一片，它竟然和那瓷

攀登实践之山

瓶上缺的那片青花完全吻合。"

从"终于、竟然、完全吻合"这些词语中能感受到"我"是怎样的心情？并试着读出来。

"我小心地粘合着青花，并满怀期望地交给了父亲。然而，修复的青花并不能让父亲满意。"提问：父亲对"我"修补的青花并不满意，"我"此时又会是怎样的心情呢？

② 导语：既然"我"修补的青花没能使父亲满意，于是"我"决心复制祖辈的青花。

请学生交流"复制青花"这部分内容，相机引导学生理解以下句子：

A."我陷入了痛苦的沉思中：我已经找到了瓷片，不是吗？我已经修复了青花，不是吗？我的技艺不够精湛吗？我的青花不够完美吗？"

a. 作者为什么连用两个"不是吗"和四个问句？这是为了强调"我"怎样的心情？

b. 指导朗读句子。

B."我决心复制祖辈的青花来弥补那残缺的一片，我要让祖辈的青花不再有任何的遗憾。"

"我"的心情此时发生了怎样的变化？从句子中的哪些词可以感受到呢？

C."复制的青花，没有丝毫瑕疵的青花，却仍然遭到了父亲的冷眼。"

a. 从父亲的表现中，我们能感受到什么？

b. 如果你是文中的作者，此时你会有何想法？

③ 导语："我"修补、复制的青花都不能让父亲满意，"我"陷入了迷惘。

交流"创作青花"这部分内容，教师趁机引导学生理解以下句子：

A."在梦想中，祖辈的青花纷至沓来，仿佛向我昭示着什么，而我凝视着满地的毛坯，满眼的迷惘。"

此时，"我"心中会想些什么呢？透过"凝视"这个词，我们能感受到什么呢？

B."这时，我仿佛听见，我的青花像一尾欢快的游鱼在清澈的溪流中歌唱。它在水里成长，在水里嬉戏，获得的是属于自己的快乐。"

你对这句话的体会是什么？

C. "在这片绚烂的青花中，我找到了自己的青花！这是我站在古人的肩膀上寻找到的青花，是属于自己的青花！"

a. 请学生联系上文想一想：为什么说这是"我"站在古人的肩膀上找到的青花呢？

b. 你认为这青花仅仅是"我""找到"的吗？

D. "我也终于窥破了当初父亲故意打破那尊青花的心机：修复和复制都不是青花的归宿，完美的青花，应该在超越中得到传承。"

a. 请学生谈谈对"修复和复制都不是……"这句话的理解。

b. 请学生联系全文思考：父亲的家传秘方究竟是什么？（板书：完美）

c. 带着自己的体会读一读本句话。

（4）归纳学法：读课文—找句子—谈体会。

（5）按照这种方法自学第二个问题。

① 学生汇报，体会父亲的引领以及"我"的执着，并随机指导朗读。（教师板书：不满意—冷眼—笑容）

② 练一练：用下面的句式，结合"我"的行动、心理活动和父亲的神态变化，说一说"我"寻找的经历。

出示课件：

当我……时，父亲……我……

当我……时，父亲却……我……

当我……时，父亲终于……我也终于……

（6）用多种形式指导朗读。

设计意图：在有感情地朗读、交流重点语句的过程中，让学生不断感悟：修复好的青花是昨天的青花，复制好的青花依然还是昨天的青花，在精通前人的手艺的基础上，加入自己的独特的元素，创造出有自己特色的与众不同的青花，才是最珍贵、最美丽的。而这一切的目标的抵达与超越，都是主人公在艰辛的工作和深入的思考、想象中得来的。

攀登实践之山

（三）品读领悟，情感升华

学生用自己喜欢的方式朗读课文，回味关键词句，修正自己的批注，把课文读到自己心里去。

（四）总结全文，拓展延伸

（1）学完这篇课文，我们知道了能做出这样完美的"人间瑰宝"的，是执着追求、不断创新的青花瓷艺人，他们用勤劳和智慧创造出了这么完美的青花瓷。在我们的生活中还有许多像他们一样的人，都在默默地为我们创造着美好的事物，你还能举出例子来吗？（师生共同举例，如戏曲演员、书法家、画家等）

（2）回忆课文内容和思想感情，练习说话并填空。

我赞美独树一帜的人间瑰宝——青花瓷，我更赞美_____。

_____

_____

_____

【板书设计】

青 花

父亲　　　　 "我"

（默默期盼）　　（苦苦寻觅）

（不满意—冷眼—笑容）　　（寻找—复制—创造）

完美

陆羽与《茶经》

【教学目标】

1. 指导学生朗读和默读课文，了解"茶圣"陆羽的传奇事迹和精神品质。

2. 引导学生结合课文内容理解重点句子的含义及表达的情感，能有感情地朗读课文。

【教学重难点】

重点：理解文章内容，了解通过三个典型事例赞颂"茶圣"陆羽的传奇事迹和精神品质。

难点：引导学生结合课文内容理解重点句子的含义及表达的情感，有感情地朗读课文。

【教学用具】

插图、课件。

【教学方法】

讲授法、小组合作探究法、品读感悟法。

【教学过程】

(一) 情境导入

同学们，大家好，今天老师为大家带来了一段有关"茶"的视频，看了视频，你首先想到了谁？（陆羽—茶圣）。那么这节课让我们一起来认识陆羽是个怎样的人。

攀登实践之山

导学练习：课文主要介绍了什么内容？

（二）小组学习，细读理解

同学们，大家知道，这篇课文是按照"总起—分述"的思路写的，下面请大家自由诵读全文，学习课文是如何通过三个具体事例反映陆羽的品质的。

方法：学生根据导学案小组学习，结合课文插图，抓重点词、句，体会感受，教师根据学生交流情况，引导学生汇报交流。

1. 辨别江水，精通茶艺（第2～8自然段）

（1）学生自读第2～8自然段，结合第一幅插图（陆羽和李季卿在吃饭席间，用勺子取水的情境）（精通茶艺）文中哪些词、句具体地表现了陆羽精通茶艺？

（用△标出描写陆羽动作的词语：舀水、掂水、倒水、扬了扬）

（2）小组合作，用"_____"画出描写陆羽语言的句子，汇报交流。

教师小结：陆羽一舀、一掂、一倒就分辨出江水来，这说明了什么？

陆羽：精通茶艺。

（3）过渡：从陆羽辨别江水的动作和语言中，我们读出了陆羽精通茶艺。陆羽被称为"茶圣"，仅仅是因为他精通茶艺吗？引导学生用"〜〜〜〜"画出过渡句，男女分角色品读，并汇报作用。（承上启下，概述陆羽的特点）

2. 拒绝做官，撰写《茶经》（第9～11自然段）

（1）自学提示。

①陆羽是在怎样的情况下写这部书的？找出相关句子读一读。

引导学生抓住两个"毫不……"。一是朝廷好几次要他出任高官，他都毫不犹豫地拒绝了。强调他不求功名利禄的态度十分坚决（人品高尚）。二是他为推广茶艺，决心写人们不屑于写的"闲书"时毫不动摇。说明他不随波逐流、不放弃自己推广茶艺的决心十分坚定（志向远大）。

通过多种形式的朗读，感受陆羽的高尚人品、远大志向。

②为了写《茶经》，陆羽做了什么？花了多长时间？遇到了哪些困难？

A. 引导学生小组学习，用"·"标注"二十一岁"、"十六年"、"三十二州"、两个"五年"、"二十六年"、"四十七岁"等数量词来体会陆羽为撰写《茶经》投入的巨大热情和过程的艰辛。

B. 学生汇报，深入感受陆羽为了完成自己的理想，所展示的不辞辛苦、坚持不懈及顽强毅力。

设计意图：十六年的游历，无数次的风餐露宿、日晒雨淋，与人交往中可能遇到的麻烦，还有十年著书的枯燥与艰辛，深入感受陆羽为了完成自己的理想，所展现出的顽强毅力。

（2）教师引导总结。

学习第11自然段：《茶经》是怎样一部书？有何价值？复句"它不仅……而且……"说明了《茶经》的内容十分丰富，记述相当细致。

3. 推广茶艺（第12自然段）

自由读，思考：陆羽推广茶艺产生了哪些影响？引导学生抓住"如火如荼"和"也日益……"等语句来体会。

教师小结：同学们，陆羽不仅精通茶艺，有较高成就，还品格高尚，无私奉献，真正堪称"茶仙""茶圣""茶神"！

（三）课堂拓展

（1）浏览全文，找出文中的三个递进复句，画出来，并在旁边批注每一个复句在文中的作用。

①第9自然段第一句：承上启下，概述陆羽的特点。

②第11自然段第二句：概述《茶经》的内容。

③第12自然段第四句：概述茶艺的影响。

在上面三个递进复句中选择一个你喜欢的关联词并仿写句子。

_____

_____

_____

攀登实践之山

（2）本文首尾呼应，请找出两句首尾照应的句子读一读。

总起句：人们要追溯茶的历史，了解中国茶道，便自然会想起中国茶史上的传奇人物——"茶圣"陆羽。

总结句：因此，陆羽被后人尊称为"茶圣"。

（3）抄抄、读读、背背。

① 振兴古国茶文化——扶植民族艺术花。

② 茶亦醉人何必酒——书能香我无须花。

【板书设计】

陆羽与《茶经》

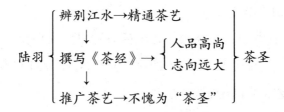

母　鸡

【设计理念】

叶圣陶先生曾说过："教师之为教，不在全盘授予，而在于相机诱导。"把阅读、理解、品味、感悟留给学生，让学生真正成为学习语文的主人；把点拨、启发、引导、激励留给教师，让教师真正为学生的学习服务，以质疑明确学习方向，以自读自悟体会课文内涵，以合作交流加深理解作者的语言风格，加强语言实践。

【教学目标】

1. 正确、流利、有感情地朗读课文。

2. 了解母鸡的生活习性和伟大的母爱在母鸡身上的具体体现。

3. 感受作者对母鸡的情感变化。

4. 学习课文抓住特点，用事实说话，具体生动地描写动物的写法。

【教学重难点】

重点：了解母鸡的生活习性及伟大的母爱在母鸡身上的具体体现。（突破方法：找出重点词句，反复朗读、理解，从而理解课文内容）

难点：学习课文抓住特点，用事实说话，具体生动地描写动物的写法。（突破方法：从描写母鸡动作、神态的句子中学习写作方法）

【教学准备】

学习单。

攀登实践之山

【教学方法】

教师：引导教学法。

学生：自主、合作、探究相结合。

【教学过程】

(一) 成语填空，导入新课

出示课件：

（   ）飞蛋打   （   ）毛蒜皮   （   ）犬不宁

师指名回答：说说你有什么发现？（都是有关鸡的成语）

正巧我们今天要来学习一篇文章，题目就是《母鸡》，读题引出新课。

(二) 初读课文，整体感知

课前，老师检查了同学们的预习单，屏幕上的这些词语大家认为比较容易读错。请看，谁能读正确？（指名读，当小老师领读）

1.检查预习

巧过字词关。

2.厘清文章脉络

根据阅读导语明确学习任务。

（1）作者对母鸡的态度前后发生了变化，找出文中表示老舍对母鸡情感态度的句子。

学生汇报，板书：

一向讨厌

不敢再讨厌

（2）从什么时候开始有了这样的改变？（看见了——第4自然段）

（3）这一段话在文中起到什么作用？（承上启下过渡段）

（4）"一向"是什么意思？（一直、一直以来）

"一向"说明作者讨厌母鸡的时间长，读时要重读。同学们再读这两句话，读到这里你有什么疑问？

（三）再读课文，品味语言，体会作者的情感变化

1. 体会讨厌之处

自主学习第1～3自然段，思考老舍讨厌母鸡的理由。可以边读边画出让你感触深刻的词句，在课文空白处写写感受。

（1）"听吧，它由前院嘎嘎到后院，由后院再嘎嘎到前院，没完没了，并且没有什么理由，讨厌！有的时候，它不这样乱叫，而是细声细气的，有什么心事似的，颤颤巍巍的，顺着墙根，或沿着田坝，那么扯长了声如怨如诉，使人心中立刻结起个小疙瘩来。"

读一读，然后引导学生抓住：没完没了、颤颤巍巍、如怨如诉，体会母鸡的叫声烦人。

指导朗读，指名读，学生评价，再读。

（2）抓住"欺侮、趁其不备、狠狠"，体会母鸡的欺软怕硬、暗箭伤人。

（3）抓住"发了狂、聋子也被吵得受不了"，体会用夸张的写法写出母鸡的居功炫耀。

写法指导：同学们，你们有和作者一样的经历吗？你现在喜欢的小动物，曾经也像母鸡一样令人讨厌吗？

作者通过细微的观察，抓住母鸡的一处或几处印象特别深刻的特点写出了它的讨厌。我们能否学着老舍先生的写法，抓住一个特点来写写小动物的讨厌之处呢？

小练笔：我一向讨厌——

提醒注意：必须抓住一处特点；语言风格；为后面不再讨厌做铺垫。

2. 品读尊敬之处

（1）这么令人讨厌的母鸡，后来老舍爷爷却不敢再讨厌它了，为什么？他的感情为什么会发生变化？课文中有一句话概括地写出了不敢讨厌母鸡的理由。

出示课件：

它负责、慈爱、勇敢、辛苦，因为它有了一群鸡雏。它伟大，因为它是

攀登实践之山

鸡母亲。一个母亲必定就是一位英雄。

（2）研读第5~9自然段，思考母鸡的负责、慈爱、辛苦、勇敢具体体现在哪儿？请小组选择母鸡最打动你们的一种品质展开交流，互相补充，完成学习单。

（3）小组汇报，全班交流。

指导交流步骤：记录下交流成果，组长组织汇报，组员补充，其他组补充，体会情感，朗读展示。

（4）汇报交流：抓住重点词句，相机指导朗读，体会母鸡深深的母爱。

① 勇敢、负责。

A. 不论是在院里，还是在院外，它总是挺着脖儿，表示出世界上并没有可怕的东西。一个鸟儿飞过，或是什么东西响了一声，它立刻警戒起来：歪着头听；挺着身儿预备作战；看看前，看看后，咕咕地警告鸡雏要马上集合到它身边来。

B. 假若有别的大鸡来抢食，它一定出击，把它们赶出老远，连大公鸡也怕它三分。

② 慈爱、负责、辛苦。

A. 发现了一点儿可吃的东西，它就咕咕地紧叫，啄一啄那个东西，马上便放下，让它的儿女吃。

B. 它教鸡雏们啄食，掘地，用土洗澡，一天不知教了多少次。它还半蹲着，让它们挤在它的翅下、胸下，得一点儿温暖。它若伏在地上，鸡雏们有的便爬在它的背上，啄它的头或别的地方，它一声也不哼。

C. 在夜间若有什么动静，它便放声啼叫，顶尖锐，顶凄惨，无论多么贪睡的人都得起来看看，是不是有了黄鼠狼。

教师小结：这一切的一切，都证明了它当之无愧是一位（　　　）的母亲。

引导学生带着对鸡妈妈的敬佩和喜爱，再读中心句。

（5）对这样一位母亲，一位英雄，我们还讨厌吗？再听母鸡的叫声，再看母鸡的骄傲，你们还觉得它讨厌吗？是啊，作者用先抑后扬的方式让我们更深切地体会到母鸡的伟大，母爱的伟大。

让我们再读（引读），赞美伟大的母爱。

作者之所以对母鸡有如此深刻的情感，是因为他有一段深刻的情感经历。导学单中的阅读链接，你读过了吗？你最想说什么？

出示课件：

老舍《我的母亲》节选。

此时，作者对母鸡已经不是简单的喜欢，而是对母爱的一种纯洁、神圣的尊敬了。

让我们一起赞美伟大的母亲。

3. 谈谈自己对母爱的感受

教师带领学生讨论自己对母爱的感受。

（四）布置作业

课中，我们写了一个小动物令人讨厌之处的片段，要想把整篇文章完成，接下去要详细写一写让你改变对它看法的事例。中间最好能用上过渡段将两个部分自然地衔接在一起，这样一篇文章就诞生了！

（五）拓展延伸

老师想给同学们两个课外拓展阅读建议。

（1）推荐阅读其他描写小动物的作品：屠格涅夫的《麻雀》、普利什文的《柱子上的母鸡》。

（2）阅读关于爱和感恩的书籍《美德书》《感恩母亲》《感恩生活》等。

【**板书设计**】

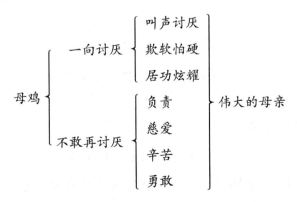

莲叶青青

【设计理念】

抓关键词，品词析句，品读促学，总结方法。

【教学目标】

1.学习课文，抓住重点词语，体会重点句子的含义。

2.体会祖母为人善良、关爱他人的高尚品质。

【教学重难点】

通过分析课文，学会概括"我"心生感动部分的主要内容，体会祖母为人善良、关爱他人的高尚品质。

【教学准备】

多媒体课件、图片。

【教学过程】

（一）复习导入

1.指导书写，听写生字词

一缸　孙子　萧条　剪刀

（1）教师指导书写。我们在写字的时候一定要注意什么？

（2）听写生字词。

2.出示图片，激趣导入

（1）导入。同学们，上节课我们看到这田田的荷叶时想到的是"接天莲叶无穷碧，映日荷花别样红"。现在我们再看着这青的莲叶，你们想到了

什么？（出示课件图片）

（2）复习，导入新课。

提问：想起关于祖母的什么事？

（二）品词析句，领悟情感

（1）用自己喜欢的方式读课文，用"_____"把祖母种莲叶的句子画出来，用"_____"把祖母送莲叶的句子画出来，在句子旁边写出自己的感受并在小组里交流。

（2）学生阅读、交流、谈感受。

（3）学生汇报。

根据祖母种莲叶的句子，谈情感。

句子1：河泥是雇人挑来的，她还要抓一把看看成色，就像看粮食。（出示句子）

① 你从哪里能感受到祖母喜爱莲叶？

（因为我见过河泥是一种又黑又臭的泥，祖母都敢用手抓，可以看出祖母对莲叶的喜爱）

② 指导朗读。

（读出喜爱之情）

句子2：隔年的种藕早已挑好，祖母自己一枝枝种下去，弄得两手污泥，一直糊到胳膊肘。（出示课件课文插图）

① 引导学生读准字音。

② 谁来说说哪个词语触动了你的心？（早已）

③ 还有哪个词语打动你的心呢？（糊到）

④ 半条胳膊沾满又脏又臭的污泥，你有怎样的心理感受？请同学们看一看文中插图，面对这么臭的泥，祖母不但不捂住鼻子，脸上怎么还挂着笑呢？（看插图）

（4）指导朗读。

句子3：到了小莲叶快要冒尖的时候，老太太就守着荷花缸不让孩子们靠近，说是人呼出的热气，会让小叶蔫了。（担心、着急、兴奋——喜爱莲叶）

攀登实践之山

引导学生读出担心、着急、兴奋的情感来。

句子4： 荷叶终于长出来了，那是一片太小太小的叶子。孩子们都很不以为然地看着祖母，祖母却是一脸欣喜，好像看一个新生的孙子。

① 引导学生抓住重点词语来理解句子情感。（一脸惊喜）

② 引导学生读出祖母兴奋的心情。

③ 教师小结：是呀，所有的高兴都写在脸上，祖母看到莲叶长出来了，心里别提多高兴了，从这兴奋的心情里我们还读到了什么？（祖母十分喜爱莲叶）

句子5： 祖母对荷花下的功夫让人吃惊。

① 同学们，祖母对荷花到底都下了哪些功夫？

（祖母对莲叶下的功夫是：挑河泥、种种藕、守荷花缸）

② 除了以上这些，还要做什么？

（祖母还要给荷叶浇水、施肥、除草）

③ 荷叶在祖母的照料下，越长越高，越长越青绿，越长越茂盛，这时如果你看到这缸荷叶，你会对祖母说些什么？

教师小结：这位老太太年纪这么大了还做这么辛苦的工作，可见她是多么喜爱莲叶！我们也被她感动了。

学生汇报祖母送莲叶的句子，谈情感。

导入：是啊！这么美的莲叶谁不爱呢？看来从种荷花到荷花开，无不渗透着祖母对莲叶的爱，但为什么祖母又肯把心爱的荷叶送给别人治病呢？

句子6： 祖母丝丝地吸着冷气，好像要替那个小孩儿忍着痛苦。

① 祖母第一次见到那个小女孩儿时，她是怎样做的？

（理解祖母丝丝地吸着凉气）

② 祖母看着这位因为头上的疮而忍受着病痛折磨的孩子，心里心疼极了。接着祖母是怎么做的？

句子7： 看了一会儿，她醒过神来，赶快拿一把剪刀，走到荷花缸边，"咔"的一声，剪下一枝最大的荷叶。

① 为什么祖母要剪最大的一张？小一点儿的不成吗？

② 同学们，祖母此时此刻剪荷叶的心情是怎样的呢？谁想说说？（是毫不犹豫的）

③ 抓住重点词理解句子情感。（赶快、咔）

④ 祖母明白了女人的来意，毫不犹豫地剪下莲叶，挑最好的莲叶给孩子治病用。此时，我们感受到祖母的心里是怎么想的呢？

⑤ 指导朗读。

句子8：每隔几天，她就要给那个小孩儿剪一枝荷叶，荷花缸里也就越来越萧条。

① 从哪个词语可以感受到祖母不后悔？

② 那你们知道什么样的景象叫萧条吗？

③ 隔几天就剪一枝，祖母毫不心疼地剪下那么心爱的荷叶，一点儿不后悔。可一缸的莲叶能有多少，剪得比长得快，荷叶自然越来越稀疏，没有了生气。（教师出示课件荷叶枯萎的图片）面对这样一缸萧条的荷叶，你想对祖母说些什么呢？

④ 也许是有了祖母的关爱，小女孩儿的病一天天好了，而我家的荷叶缸却越来越萧条。祖母一年辛苦的付出变成现在的样子，祖母真的不后悔吗？

句子9：老太太却念念有词地说："真是一物降一物，凉气带暑气，荷叶派上了大用场，不开花也罢了。"

① 从哪些词语可以看出祖母不后悔呢？（罢了、大用场）

② 看到自己千辛万苦种出来的莲叶就这样萧条了，听到的却是这样令人感动的话，此时你最想对祖母说些什么呢？

生1：祖母，您太善良了。

生2：您太有爱心了。

生3：祖母，您助人为乐的品质感动了我。

生4：祖母，您乐于助人的品质感动了我。（板书：乐于助人）

③ 祖母爱莲叶，盼着荷花开放。没了莲叶，自然开不了荷花。在祖母看来，孩子的病治好了，比看荷花还重要。

攀登实践之山

（三）总结写法

（1）把课文的开头和结尾部分连起来读一读，体会写法。

句子10：如今看到这一池的莲叶，就像看到了一池的清凉。假如祖母拥有这一池的清凉，她又会高高兴兴地把它分给许多人吧！

正是祖母的这种言行影响着作者，祖母的品德激励着作者，所以多年以后，当作者再见到那田田的莲叶时，他会不由自主地想到祖母。请同学们齐读课文最后一段。边读边想，你读懂了什么？

生1：我读到了祖母乐于助人。

生2：我读到作者如今看到荷花又想到了祖母。

生3：我读到作者很想念祖母。（板书：思念。）

（2）让学生找规律。

（3）教师引导学生理解"睹物思人"的写作方法。

① 这篇文章中，通篇都是描写祖母的，但是作者并没有直接写，而是先写了看到荷叶，再想到祖母。其实我们把这种写文章的方法叫作"睹物思人"。

② 说一说，加深对写作方法的理解运用。

（四）总结全文

1.拓展延伸

结合生活实际，谈谈感受。

（1）结合生活实际，说说你帮助过别人或别人帮助过你的故事。

（2）其实在我们身边像祖母这样乐于助人的人还有许多许多，甚至有许多人为帮助别人献出了宝贵的生命。（出示一些图片）这是把自己有限的生命投入无限的为人民服务之中的雷锋；这是在汶川大地震突然袭来时，以血肉之躯为4名学生撑起"生命的支架"的伟大的人民教师——谭千秋；这位是为地震灾区捐款万元的卖煤翁陆松芳……

2.教师总结

（1）同学们，今天我们学习这篇课文，听了很多小故事以及看了这些镜头，你明白了什么？

（明白了祖母的善良深深地感动了我们每一个人，也是因为祖母的善良才使莲叶显得更加青翠）

（2）同时我们希望——（我希望我们每个人都像祖母那样，多关爱他人，多帮助别人）

（3）教师小结：是啊，如果我们人人都乐于助人，我们的世界就会变得越来越美，越来越幸福。让我们饱含深情地再读一下课题：莲叶青青。

（五）布置作业

我们生活中的爱无处不在，运用本文的写法写一篇小练笔，题目自拟。

【板书设计】

莲叶青青

$$
祖母 \begin{cases} 种莲叶 \quad （喜爱） \\ 送莲叶 \quad （乐于助人） \end{cases} 思念
$$

攀登实践之山

藏　戏

【教材分析】

《藏戏》是统编版教材六年级下册第一单元的一篇阅读课文，这篇课文介绍了藏戏的形成及艺术特色，围绕藏戏的主要特点，从藏戏的起源、面具、舞台形式、演出方式等方面进行介绍，让读者对藏戏有基本的了解和认识，感受到藏戏所折射出的地域文化特色和艺术魅力。

【教学目标】

1. 读读记记"咆哮、吞噬、脱缰、敦厚、哄堂大笑、青面獠牙、两面三刀、优哉游哉、随心所欲"等词语。

2. 默读课文，了解藏戏的形成、特色以及作者是从哪几方面写的，体会传统戏剧艺术的魅力和丰富的文化内涵。

3. 学习文章准确的说明和生动形象的描述，积累语言，领悟表达方法。

【教学重难点】

重点：了解藏戏的形成、特色以及是从哪几方面写的，体会传统戏剧艺术独特的魅力和丰富的文化内涵。

难点：学习文章准确的说明和生动形象的描述，积累语言，领悟表达方法。

【教学准备】

搜集关于粤剧、藏戏的视频和文字资料；搜集感兴趣的其他剧种的资料。

【教学过程】

（一）播放视频，激趣导入新课

（1）同学们，通过本单元的学习，我们了解到"十里不同风，百里不同俗"的民俗画卷。现在我们来观看一段视频，猜猜这是哪里的戏曲。

（2）播放粤剧《帝女花》，学生观看。大家知道这是哪里的戏曲吗？对，这就是我们广东省的粤剧。你们还知道哪些戏曲种类呢？

（3）生活在我国西南部青藏高原上的藏族，是一个古文化十分发达的民族。那里的人们所创造的举世瞩目的藏戏艺术神奇独特、灿烂辉煌，有着1300多年的历史，是中华民族历史上最久远的戏剧之一。藏戏剧种、流派众多，表演形式富有民族特色，音乐唱腔韵味隽永，面具服饰五彩缤纷。今天，就让我们一起去领略历史悠久、深受藏族人民喜爱的藏戏吧！（板书：藏戏）

设计意图：通过直观教学法播放录像画面，配以精当的语言介绍，激起学生了解藏戏的兴趣和主动学习课文的欲望。

（二）初读课文，整体感知内容

（1）细心的同学一定会发现这篇课文是略读课文，我们之前学习略读课文的方法有哪些？

① 关注课文前的阅读提示，根据阅读提示要求，自主学习。

② 借助本单元前几篇课文的学习方法、本单元的语文要素和阅读要求学习。

（2）现在我们就运用这些方法来学习这篇课文。

（3）出示初读指南：

① 阅读课前导语，明确自读要求。

② 默读课文，边读课文边画出文中不懂的词语，利用工具书或者联系上下文理解其意思。

（4）把不懂的词语提出来，学习小组内互相交流解决。

（5）快速阅读课文，想想：藏戏有什么特点，作者是从哪几个方面写的？

（6）汇报：第4～7自然段讲藏戏的形成，第8～17自然段介绍了藏戏的艺术特点。

（7）根据汇报，给课文分段并概括段意。

设计意图：通过让学生速读文本，相互交流，初步了解作者的写作思路，感知课文的大概内容。

（三）自主学习，了解藏戏的特点

通过刚才的学习，我们了解到课文主要写了藏戏的形成和藏戏的特点。藏戏为什么会被称为"藏文化的活化石"呢？我们一起去看看藏戏的特点吧。

（1）出示默读要求：默读课文，思考文中介绍了藏戏的哪些特点？这些特点在写法上有什么不同？

（2）分享。

预设：

① 第1~3自然段概括了藏戏的特点：分别是"戴着面具演出""演出时没有舞台""一部戏可以演出三五天"。

② 第1~3自然段用三个反问句构成排比句，点明了藏戏的特点，加深读者的印象。

③ 第8~17自然段具体介绍了藏戏的三大特点。

④ 第9~14自然段对应第1自然段，也就是藏戏的第一个特点：戴着面具演出。

（3）课文在介绍藏戏的特点时，详细介绍了哪个特点？哪些是略写的？这样写有什么好处？

（4）重点学习"戴着面具演出"。

① 默读课文，每个面具代表着什么？每种颜色分别象征着什么？

② 欣赏面具，请学生结合文中语段介绍。

（5）师生合作读这部分内容，感受藏戏的特点。

① 师读：世界上还有几个剧种是戴着面具演出的呢？

生读：第8~14自然段。

② 师读：世界上还有几个剧种在演出时是没有舞台的呢？

生读：第15、16自然段。

③师读：世界上还有几个剧种一部戏可以演出三五天还没有结束的呢？

生读：第17自然段。

④你想看藏戏吗？为什么？

（6）师生合作读，感受藏戏的特点和前后呼应的表现手法。

①师读：世界上还有几个剧种是戴着面具演出的呢？

生读：第8～14自然段。

②师读：世界上还有几个剧种在演出时是没有舞台的呢？

③对照开头，体会写法：说一说这样开头有什么好处。

设计意图：学生通过多种形式的朗读，交流分享，欣赏图片，深切感受藏戏的艺术魅力，感受文章丰富多彩、生动传神的语言风格。

（四）小组合作，了解藏戏的形成

（1）自由读第4～7自然段，思考：藏戏的形成过程。小组内交流分享。

（2）指名小组说说藏戏的形成过程。（抓住关键词，简要复述藏戏的形成过程）

预设：那时候，雅鲁藏布江上没有一座桥，许多牛皮船被掀翻在江中，涉水过江的百姓被吞噬。唐东杰布发誓架桥，为民造福。于是，唐东杰布在山南琼结认识了能歌善舞的七兄妹，用歌舞说唱的形式，表演历史故事和传说，劝人行善积德，出钱出力，共同修桥。就这样，身无分文的唐东杰布在雅鲁藏布江留下了58座铁索桥，成为藏戏的开山鼻祖。

（3）播放一段藏戏的视频，让学生加深对课文内容的理解，感受藏戏的艺术魅力。

（4）演一演。让学生小组内模仿表演藏戏。

设计意图：以学生为主，自读自悟；以合作学习为主，感悟藏戏的形成过程，突出学生在阅读过程中的主体地位。通过观看视频和表演，加深学生对藏戏的了解。

（五）拓展实践，培植艺术兴趣

（1）小结。学完课文，谁来归纳一下藏戏的特色？作者是从哪几个方面写的？

（2）许多地区、民族，都有着独具特色的艺术形式，是中华文化的奇葩，如粤剧、川剧、京剧、黄梅戏等。这些传统艺术，博大精深，到几百年后的今天，仍有着无穷的魅力，是我们宝贵的文化遗产。希望同学们课后通过搜集关于这些戏剧的图片、音像资料，了解它们的形成及特色，并将伟大的文化继续传承发扬。

设计意图：引导学生归纳课文内容，加深对藏戏的魅力的了解，同时激发学生了解戏曲的兴趣，从而弘扬中华优秀传统文化。

（六）布置作业

搜集我们的地方戏——粤剧的资料，出一份手抄报。

设计意图：布置手抄报作业，让学生了解祖国的文化艺术，培植学生文化自信，进一步激发学生的艺术兴趣和爱国情怀。

【板书设计】

藏戏 ——
- 形成：为民造福　开创藏戏独特魅力
- 特点 ——
  - 戴着面具演出
  - 没有舞台
  - 演出三五天

竹节人

【教学目标】

1. 会写"凛、疙"等14个字，会写"威风凛凛、疙瘩"等17个词语。

2. 能根据不同的阅读任务，快速阅读课文，找到相关内容，再仔细阅读，达到阅读目的。

【教学重难点】

能根据不同的阅读任务，快速阅读课文，找到相关内容，再仔细阅读，达到阅读目的。

【教学准备】

1. 预习提纲：完成《状元大课堂·好学案》对应课时预习卡。

2. 准备资料："状元成才路"多媒体课件；学习清单。

【教学课时】

2课时。

【教学过程】

·第1课时·

（一）课时目标

（1）会写"凛、疙"等14个字，会写"威风凛凛、疙瘩"等17个词语。

（2）快速阅读课文，选择恰当的阅读方法，尝试根据阅读任务有目的地阅读。

（二）课时过程

板块一：情境导入，激发兴趣

（1）明确单元要素

① 观察：课件出示第三单元篇章页，看看插图画了些什么，自由阅读上面的文字，说说你对杨绛女士说的"读书好比串门儿——隐身的串门儿"这句话的理解。

② 教师小结：读书好比到作者家串门儿，不必事前打招呼求见，翻开书本，就闯进了大门。经常去书里"串门儿"，可以认识各时各地、多种多样的人。

③ 推想：本单元给我们提出了哪些关于阅读和习作的要求？（指名读）

课件出示：

根据阅读目的，选用恰当的阅读方法。

写生活体验，试着表达自己的看法。

（2）导入新课

教师导入：今天我们就一起去作家范锡林爷爷家"串门儿"，尝试着有目的地去阅读吧！（板书：竹节人）

（3）学生齐读课文题目

设计意图：上课伊始，教师引导学生关注单元导语，让学生明确本单元的学习内容——有目的地阅读。这样的导入，开门见山，简洁明快，使学生对本单元整体的学习内容做到心中有数，学习目标更为明确。

板块二：初读课文，厘清层次

（1）初读课文

请认真地朗读课文，注意读准字音，读通句子，想一想：课文围绕"竹节人"主要写了什么内容？（童年时代做竹节人、玩竹节人，以及老师没收竹节人却偷偷玩竹节人的情景）

（2）教师检查学生的自学情况

课件出示：

威风凛凛	疙瘩	疲倦	呆头呆脑
别出心裁	技高一筹	得意扬扬	弄巧成拙
大步流星	念念有词	全神贯注	忘乎所以

①学生读词语，相机正音。

②教师引导：仔细看看这三组词语，你有什么发现？

③学生交流。第一组词语与描写竹节人这一玩具有关，第二组词语与玩竹节人的技艺和心理有关，第三组词语与描写老师的动作和神态有关。

设计意图： 将课文中的词语进行分类呈现，将字词教学和理解课文内容进行整体设计，既可以检查学生对课文词语的掌握情况，又可以帮助学生把握文章的主要内容。

（3）指导书写半包围结构的字"疙、瘩、裁、屉"

①课件出示生字"疙、瘩、裁、屉"。

课件出示：

疙 瘩 裁 屉

②引导观察："疙、瘩、屉"都是左上包围的字，撇要写得舒展，被包围部分要写得较紧凑。"裁"是右上包围的字，下面要写得紧凑，左下角是"衣"，要写得小一点儿，最后一笔要变为点。

③教师示范，学生练写。

（4）梳理文章层次

①引导思考：默读课文，想一想，作者围绕"竹节人"写了哪几个方面的内容？

②学生交流。

③小结：文章分别写了"我们"怎样制作竹节人、怎样玩竹节人，以及老师与竹节人之间的故事。（板书：制作竹节人、玩竹节人、老师与竹节人之间的故事）

攀登实践之山

设计意图：学习"有目的地阅读"，一定是建立在对课文内容的整体感知上的。本环节引导学生整体感知课文内容，梳理文章脉络，为后续有目的地开展阅读活动打好基础。

板块三：体会乐趣，感知策略

（1）课件出示读前提示，明确本课要完成的任务

课件出示：

同一篇文章，阅读的目的不同，关注的内容、采用的阅读方法也会有所不同。如果给你以下任务，你会怎么读《竹节人》这篇文章？

① 写玩具制作指南，并教别人玩这种玩具。

② 体会传统玩具给人们带来的乐趣。

③ 讲一个有关老师的故事。

（2）交流方法

要完成第二个任务，我们该怎么阅读？

过渡：五年级时，我们已经知道带着问题去读文章可以提高阅读的速度，现在我们也带着问题去完成任务二吧！（画出文中表现"我们"玩竹节人心情的语句）

课件出示：

快速浏览课文，思考：你从哪些句子中感受到了竹节人给人们带来的乐趣？在课本上画出相关语句，并在旁边写下自己的想法。

设计意图："影响学习的唯一的、最重要的因素，是学生已经知道了什么，我们应当根据学生原有的知识状况去进行教学。"本环节意在以学生已掌握的阅读策略为基础，用"带着问题去阅读""做批注"这两种阅读策略，为学生架起从未知通向已知的桥梁。

（3）自主学习，探寻方法

① 自主阅读。学生根据"阅读提示"进行自主阅读。

②（课件出示交流要求）小组交流。

课件出示：

A. 我关注的内容是竹节人的名号，最感兴趣的句子是"竹节人手上系

上一根冰棍棒，就成了手握金箍棒的孙悟空，号称'齐天小圣'"（读相关句子），我体会到的乐趣是这些名号真神气，真有意思。

B. 对这个内容，我有一些自己的想法。我的想法是：他们能想出这么多不同的名号，平时一定听过或读过许多相关的故事吧。

（4）汇报交流，体会乐趣

① 预设：交流课文中有关制作竹节人的内容，体会其中的乐趣。

课件出示：

那一段时间，妈妈怪我总是把毛笔弄丢，而校门口卖毛笔的老头则生意特别好。

A. 引导思考："我"真的把毛笔弄丢了吗？"我"的毛笔去哪儿了？卖毛笔的老头为什么生意特别好？（学生交流）

教师小结：毛笔是用竹子做的，竹子是制作竹节人的材料，"我"的毛笔不是弄丢了，而是拿去制作竹节人了，老头生意好的原因是大家都去买毛笔制作竹节人了。这说明竹节人对"我们"有着无穷的吸引力，"我们"从中获得了乐趣。

B. 感受乐趣："丢"了的毛笔和买来的毛笔都做了什么？（制作竹节人）

教师：看来大家都迷上了玩竹节人。

② 预设：交流玩竹节人的乐趣。

学生按"交流要求"中的形式进行交流，教师引导学生梳理，进行归纳总结。

课件出示：

·玩竹节人的"战场"很有趣。

·竹节人的样子很有趣。

·竹节人的装饰很有趣。

·下课时玩竹节人很有趣。

·课上偷偷玩竹节人的情景很有趣。

·老师玩得津津有味的样子很有趣。

攀登实践之山

（5）品读语言，体会乐趣

过渡：从范锡林爷爷描写制作竹节人和玩竹节人的文字中，我们都感受到了许多乐趣，让我们再一次细细品味这些好玩的文字，体会竹节人带给我们的乐趣吧！

①预设：感受竹节人"战场"的有趣。

课件出示：

教室里的课桌破旧得看不出年纪，桌面上是一道道豁开的裂缝，像黄河长江，一不小心，铅笔就从裂缝里掉下去了……破课桌，俨然一个剑拔弩张的古战场。

A. 学生交流有趣的地方。

B. 教师指导朗读。课桌上的裂缝就像黄河长江，这样破旧的课桌反而成了剑拔弩张的古战场，多么有意思呀。（指名读句子）

②预设：感受下课时玩竹节人的有趣。

课件出示：

下课时，教室里摆开场子，吸引了一圈黑脑袋，攒着观战，还跺脚拍手，咋咋呼呼，好不热闹。常要等老师进来，才知道已经上课，便一哄作鸟兽散。

A. 学生交流写得有趣的地方。

B. 引导思考："一圈""跺脚拍手，咋咋呼呼"说明了什么？（玩竹节人真有趣，竹节人给"我们"带来了无穷的乐趣）

C. 引导想象：同学们，想象一下，什么样的状况下他们才会"跺脚"？又是哪一种情况引来他们"拍手"？他们"咋咋呼呼"时大概会说些什么？

D. 指导朗读：瞧，下课了，大家玩得多痴迷、多投入啊！（指名读出痴迷的感受）

③预设：感受老师玩竹节人的有趣。

课件出示：

只见老师在他自己的办公桌上，玩着刚才收去的那竹节人。双手在抽屉里扯着线，嘴里念念有词，全神贯注，忘乎所以，一点儿也没注意到我们在偷看。

A. 引导思考：你从哪些词语中感受到了有趣？（念念有词、全神贯注、忘乎所以）说一说你的想法。

B. 指导朗读：老师竟然也玩得那么入迷，竹节人确实给人们带来了无限的乐趣。请带着这种感情读句子。（指名读句子）

设计意图：本环节在引导学生感受"有目的地阅读"这一阅读策略时，指导学生学习对应的方法——快速阅读课文，找到相关内容后，抓住关键词句，体会竹节人带给"我们"的无限乐趣。

（6）总结学法

① 引导思考：我们和范锡林爷爷一起感受到了制作竹节人和玩竹节人的乐趣。我们是用什么方法去发现、去感受这种乐趣的呢？

② 学生交流。

③ 小结：带着问题，快速默读全文，找到相关内容，再仔细地读，这就是"有目的地阅读"。（板书：快速读文，寻找内容，细读重点）在完成"体会传统玩具给人们带来的乐趣"这一阅读任务的时候，可以采用抓住关键词句的方法。（板书：抓住关键词句）

设计意图：本环节让学生带着问题快速默读课文，寻找与问题相关的内容，提取关键信息，在阅读实践中，感受"有目的地阅读"这一阅读策略；在学习活动结束后，引导学生及时进行总结、梳理，初步明确什么叫"有目的地阅读"。

(三) 布置作业，巩固内化

（1）抄写词语

课件出示：

威风凛凛	疙瘩	疲倦	呆头呆脑	冰棍
别出心裁	技高一筹	橡皮	跺脚	大步流星
颓然	暴露无遗	沮丧	抽屉	念念有词
忘乎所以	心满意足			

（2）根据课文中的介绍，尝试制作竹节人

攀登实践之山

（一）课时目标

学会根据不同的阅读目的，选择恰当的阅读方法。

（二）课时过程

板块一：回顾方法，温故知新

（1）回顾方法

上节课，我们刚刚认识了"竹节人"，为了体会到竹节人带给"我们"的无穷乐趣，我们是怎么读课文的呢？（学生回答）

（2）教师小结

像这样，带着一定的阅读目的，去关注课文中相应的内容，并采用恰当的阅读方法，这就叫"有目的地阅读"。这节课，我们将继续用这种方法去读课文。

设计意图：温故知新，引导学生回顾阅读方法，强化学生对"有目的地阅读"的认识，为后面的自主、合作、探究学习做铺垫。

板块二：自主学习，完成任务

（1）明确任务

上节课，我们已经完成了学前提示中的任务二，这节课我们一起来完成任务一和任务三，带着任务，选择合适的材料，开展"有目的地阅读"活动。

（2）探究方法

① 思考：我们完成这两个任务时，要关注哪些内容？采用什么阅读方法呢？请完成表1学习单（一）。

表1　学习单（一）

任务	关注内容	阅读方法
写玩具制作指南，并教别人玩这种玩具	第3～7自然段	提取关键信息
体会传统玩具给人们带来的乐趣	第8～23自然段	抓住关键词句
讲一个有关老师的故事	第24～29自然段	梳理故事的起因、经过和结果

（教师相机归纳）

翻语文山　点育人彩

——育人理念下偏远山区语文教学的行与思

② 学生汇报交流，教师归纳。

（3）学生分小组完成任务一和任务三

① 明确任务：为了帮助同学们完成这两个任务，老师给同学们分别设计了两个表格，见表2、表3，我们一起来填一填。下面，我们先来完成学习单（二）。

表2 学习单（二）：竹节人制作和玩法指南

所需材料和工具		材料：毛笔杆、纳鞋底的线。 工具：锯条、钻孔工具。
制作步骤		第一步：把毛笔杆锯成寸把长的一截，当竹节人的脑袋及身躯。 第二步：在步骤一锯成的毛笔杆上面钻一对小眼，供装手臂用。 第三步：继续锯八截短的毛笔杆做四肢。 第四步：用纳鞋底的线穿起来。
注意事项		锯毛笔杆时，长短尺寸要量好，注意不要锯偏，更不能把毛笔杆锯崩裂；钻孔时，位置要适当，力度也要适中，不要把孔钻得太大。
玩法	基本玩法	把穿着九个竹节的鞋线嵌入课桌裂缝里，将鞋线一松一紧，竹节人就舞动起来。
	特别玩法	把两个竹节人放在一起，分别操纵下面的鞋线，竹节人就能互相搏斗了。在玩的过程中，可以给竹节人配"兵器"；可以给竹节人起名号，再刻上字；还可以用橡皮雕成脑袋给竹节人粘上，再做一套纸盔甲；甚至可以一边玩一边解说。

② 小组合作学习，完成与任务一对应的表格。

③ 教师：刚才我们根据课文内容完成了任务一，厘清了怎样制作和玩竹节人。接下来，请大家看学习单（三），和老师一起来完成任务三。

表3 学习单（三）：讲讲老师的故事

起因	"我们"上课时玩竹节人，被老师发现了。
经过	老师没收了"我们"的玩具。
结果	下课后，老师在自己的办公桌上痴迷地玩竹节人。

④ 师生合作完成与任务三对应的表格。

攀登实践之山

（4）全班交流分享

① 预设：竹节人制作和玩法指南。

A. 分享：请一个小组的同学介绍竹节人制作指南。

B. 交流：全班同学对介绍过程中不清楚的细节进行提问。

C. 展示：请一个小组的同学介绍竹节人的玩法并现场演示。

D. 引导思考：你是如何完成这个竹节人制作和玩法指南的表格的？（板书：提取关键信息）

E. 观看视频：随着时代的发展，竹节人在材料的选择和做法上也有了改进，我们一起到竹节人制作的现场去看一看吧！（课件出示制作竹节人的视频）

F. 对比学习，体会方法。课件出示学习任务一和学习任务二，想一想：我们在进行"有目的地阅读"，完成任务一和任务二时，关注的内容和运用的方法有什么相同和不同的地方？

设计意图：提出"你是如何完成竹节人制作和玩法指南的表格"这一问题，引导学生关注阅读的过程和方法。接下来通过对比学习，引导学生发现：同样是关注制作竹节人和玩竹节人这两部分的内容，但任务一重点关注的是"怎么做、怎么玩"，而任务二重点关注的是描写"做"和"玩"的有趣的语句。这里既是对"有目的地阅读"方法的总结，又能让学生体会到阅读的目的不同，提取的信息不一样，选择的阅读方法也会有所不同。

② 预设：讲讲老师的故事。

A. 小组同学根据所填表格讲述老师的故事。

B. 引导思考：你们组是如何完成这一任务的呢？

引导学生关注学习的过程和方法——关注老师没收竹节人和玩竹节人的内容，重点梳理故事的起因、经过和结果。（板书：梳理故事情节）

C. 提问：如何将这个故事讲得生动有趣？

D. 预设：这部分内容最有趣的是老师的态度变化和"我们"的心情变化，阅读时要关注这一部分的内容。

E. 教师引导：让我们再读课文，关注与任务三相关的内容，把故事讲生动。

F. 学生再次有目的地阅读，关注重点语段，将故事讲生动。

设计意图：本环节，学生带着任务去关注文章中的相关内容，表格提示了学生完成任务的方法——讲故事要梳理故事的起因、经过和结果；但教师的教学没有止于这一步，而是用"如何将这个故事讲得生动有趣"这一任务引导学生走进文本，借助相关的阅读经验，关注重点语段，再次展开阅读实践，使学生的学习过程达到层层深入的效果。

板块三：回顾过程，总结方法

（1）思考。这节课，我们学习了"有目的地阅读"这一阅读方法，在阅读中我们该怎样进行"有目的地阅读"呢？

（2）学生交流。

（3）引导。小伙伴们也在交流他们有目的地阅读的方法，我们一起来听听他们是怎么说的吧！（课件出示交流内容并播放录音）

课件出示：

① 为完成"写玩具制作指南，并教别人玩这种玩具"这个任务，可以先快速读全文，找到相关内容，再细读。

② "体会传统玩具给人们带来的乐趣"，读的时候要特别注意文章中写"我们"投入地做玩具、玩玩具的部分……

③ 为完成"讲一个有关老师的故事"这个任务，我主要关注了老师没收玩具、玩玩具的内容，重点梳理了故事的起因、经过和结果。

（4）教师小结：在"有目的地阅读"中，我们可以根据阅读任务，快速阅读课文，寻找相关内容，细读重点内容，完成任务。

设计意图：在学生充分进行阅读实践后，引导学生再次回顾学习过程，总结学习方法，最后播放学习伙伴们的交流音频，使学生对"有目的地阅读"这一阅读策略印象更加明晰。

【板书设计】

竹节人

有目的
地阅读
　　{
做竹节人—快速读文—提取关键信息
玩竹节人—寻找内容—抓住关键词句
老师的故事—细读重点—梳理故事情节
}

攀登实践之山

狼牙山五壮士

【教学目标】

1. 会写"寇、副"等15个字，会写"日寇、奋战"等20个词语。

2. 结合重点语句，感受五位壮士的英雄气概。

3. 体会课文既关注群体，又聚焦个体的写法。

【教学重难点】

1. 结合重点语句，感受五位壮士的英雄气概。

2. 体会课文既关注群体，又聚焦个体的写法。

【教学准备】

1. 预习提纲：完成《状元大课堂·好学案》对应课时预习卡。

2. 准备资料："状元成才路"多媒体课件；查找关于"狼牙山""晋察冀根据地""抗日战争"等方面的背景资料；电影《狼牙山五壮士》片段等。

【教学课时】

2课时。

【教学过程】

·第1课时·

（一）课时目标

（1）会写"寇、副"等15个字，会写"日寇、奋战"等20个词语。

（2）会用列小标题的形式梳理课文内容。

（3）初步体会课文既关注群体，又聚焦个体的写法。

（二）课时过程

板块一：导入新课，揭示课题

（1）了解背景，导入新课

1937年卢沟桥事变后，日本帝国主义大举侵略中国，在中国的土地上烧杀抢掠，无恶不作。中国人民不屈不挠，奋起抗战。1945年，抗日战争以中国的胜利而告终。在抗日战争时期，涌现出了一大批保家卫国、奋勇杀敌的英雄豪杰，他们的名字被刻入石碑，他们的事迹被广为传颂。今天，我们就去认识其中的一群人，他们就是"狼牙山五壮士"。（板书：狼牙山五壮士）

（2）齐读课文题目

教师设问：为什么课文题目是"狼牙山五壮士"，而不是"狼牙山五战士"？什么样的人才能称得上"壮士"呢？（敢于为正义事业而牺牲的人）

设计意图：课文的时代背景离学生比较远，学生对这段历史不是很了解，课程开始简介历史背景，拉近学生与文本的距离。紧接着引导学生围绕课文题目质疑，抓住题目的"题眼"，使学生能够深刻体会到这是文章的中心所在。

板块二：初读课文，检查预习

（1）学生自读

放声朗读课文，读准字音，读通句子。想一想：课文中写了哪五位壮士？是按什么顺序写的？

（2）字词反馈

课件出示：

日寇　悬崖　攀登　山涧　全神贯注　斩钉截铁

不屈　雹子　屹立　喜悦　居高临下　惊天动地

① 指名认读，纠正读错的字音。

② 全班齐读。

③ 书写指导。课件中要求会写的字变红凸显。

A. 引导观察。

攀登实践之山

你认为哪些字比较难写？

B. 教师提示。

寇："寇"的部件"攴"是指一只手举着有权的棍子（或鞭子）的人，这种关起门来行凶的人不是好人，所以称为"寇"。我们在写"攴"这个部件时，不要把它写成"支"，也不要把它写成"餐"的左上部分，部件上面的横左边不出头，下面是"又"。

贯：注意笔顺，第三笔是竖，不是横，在书写时不要写成上下两点。

（3）初读交流

课文写了哪五位壮士？是按什么顺序写的？（按事情发展的顺序）

设计意图：六年级的学生已经掌握了预习的方法，有一定的预习能力。这一环节，引导学生在预习的基础上初读课文，并加强对难写字的指导，让学生初步认识五位壮士，培养学生提取信息的能力。

板块三：再读课文，梳理情节

（1）引导默读

狼牙山五壮士的感人故事离我们已经很遥远了，反复读可以帮助我们更好地走进故事。请同学们默读课文，边读边思考：课文按事情发展的先后顺序写了五位壮士的哪些壮举呢？

（2）借助示意图，梳理内容

① 明确任务：课文一共9个自然段，按照事情发展的先后顺序，可分为五个部分，请按照示意图，用小标题的形式概括各部分的内容。

课件出示：

接受任务→（　　　）→（　　　）→（　　　）→英勇跳崖

②学习第1自然段，梳理概括小标题的方法。

A. 提问：浏览课文，说说哪个自然段写了"接受任务"。

B. 指名朗读，思考：哪句话写了"接受任务"这件事？

课件出示：

七连决定向龙王庙转移，把掩护群众和连队转移的任务交给了六班。

C. 交流学法：你们发现用小标题概括各部分的方法了吗？（出示方法提

示，指名学生交流）

课件出示：

逐段朗读课文，了解各部分的内容。

抓住关键词句，提炼为四个字的短语。

③指导学生概括第2自然段的小标题。

A.请浏览第2自然段，想一想：这一段是围绕哪句话来写的？

课件出示：

为了拖住敌人，七连六班的五个战士一边痛击追上来的敌人，一边有计划地把大批敌人引上了狼牙山。

B.提问：这句话中的哪个词可以概括后面的内容？（痛击）这一部分可以用哪个四字短语概括？（痛击敌人）

④学生运用以上方法自主用小标题概括各部分的主要内容。

课件出示：

接受任务→（痛击敌人）→（引上绝路）→（顶峰歼敌）→英勇跳崖

（3）借助情节图，讲述课文的主要内容。

引导：请根据小标题的提示，连起来说说这个故事。

设计意图：此教学环节，依据课后习题提示，利用小标题的形式，引导学生梳理故事情节，培养学生的概括能力和整体感知能力。

板块四：研读语段，发现写法

（1）自主研读

默读课文第2自然段，圈画具体描写五位壮士痛击敌人的词句，体会五位壮士的英雄气概。

（2）学生交流，感受英雄形象

①指名交流：你从哪些词句中体会到了五壮士的英雄形象？

课件出示：

A.班长马宝玉沉着地指挥战斗，让敌人走近了，才下命令狠狠地打。

B.副班长葛振林打一枪就大吼一声，好像细小的枪口喷不完他的满腔怒火。

C. 战士宋学义扔手榴弹总要把胳膊抡一个圈，好使出浑身的力气。

D. 胡德林和胡福才这两个小战士把脸绷得紧紧的，全神贯注地瞄准敌人射击。

② 教师引导：作者是从哪些方面来刻画每位战士的？

点拨：要通过关注人物的神态、动作、语言来感受人物形象。

第1句，抓住"沉着"，读出冷静，感受班长的英勇无畏。

第2句，抓住"大吼一声""满腔怒火"，读出副班长对敌人的憎恨。

第3句，抓住"抡""使出"等词语，读出宋学义对敌人的仇恨。

第4句，抓住"绷""全神贯注"，读出两个小战士的专注。

③ 指名分角色朗读。

（3）分析写法特点

① 引导发现：刚才交流的句子具体地描写了每位战士痛击敌人的情形。读第2自然段前两句，你有什么发现？（先从整体概括地描写了五位壮士痛击敌人的情形，再分别详写每位战士的具体表现）

② 小结板书：文段的开头对五位壮士群体的概括描写就是"面"的描写，后面对五位壮士个体的具体描写就是"点"的描写。这种既关注群体，又聚焦个体，把"点"和"面"结合起来进行描写的方法叫"点面结合"。（板书：点面结合）

（4）交流的好处

① 引发思考：第2自然段既关注了人物群体，也具体地描写了每一位战士，请说说这样写有什么好处。

② 交流反馈。预设：从一群人到某个人，有一定的顺序；人物形象鲜明。

③ 小结板书：从群体的全景到个体的特写，既给人以整体感，又突出了人物的特点，使我们对每个人物都有深刻的印象。（板书：突出人物特点）

（5）合作朗读

全班齐读写"面"的句子，指名读写"点"的句子。

（6）抄写词语

抄写"日寇""奋战"等20个词语。

设计意图： 本教学板块旨在引导学生抓住关键词语感受人物形象，体会其中蕴含的思想感情；同时引导学生发现"点面结合"的描写方法，不仅要关注写什么，还要关注是怎么写的，做到人文性和工具性的和谐统一，落实本单元的语文要素。

（三）板书设计

狼牙山五壮士

点面结合　突出特点

·第2课时·

（一）课时目标

（1）结合重点语句，感受五位壮士的英雄气概。

（2）进一步体会课文既关注群体，又聚焦个体的写法。

（二）课时过程

板块一：回顾写法，导入新课

（1）回顾导入

上节课我们通过抓重点词句体会到了五位壮士的英雄气概，了解了"点面结合"这种场面描写的方法。

（2）师生合作朗读课文第2自然段

通过师生合作朗读课文第2自然段，再次感受五位壮士的英勇善战，既回顾"点面结合"的描写方法，又为继续体会五位壮士的英雄气概做铺垫。

板块二：研读语段，对比写法

（1）默读课文第3~9自然段，找到"点面结合"描写场面的段落。

（2）引导交流：课文第3~9自然段哪些地方运用了"点面结合"写场面的方法？（指名朗读）

（3）比较异同：课文第3~9自然段中"点"的描写和第2自然段中"点"的描写有哪些相同和不同的地方？

学生交流。预设：

① 相同之处：都抓住了人物的神态、语言、动作进行描写。

② 不同之处：第2自然段对五位壮士逐一进行了描写，罗列了多个点；而第3~9自然段，对班长马宝玉的描写更多、更具体一些，这是一点一面的交织。（板书：多点罗列，一点一面）

（4）品读关键语句

① 浏览课文第3~9自然段，圈画描写班长马宝玉的句子，在句旁批注自己的阅读体会。

② 学生交流反馈。

课件出示1：

为了不让敌人发现群众和连队主力，班长马宝玉斩钉截铁地说了一声："走！"带头向棋盘陀走去。战士们热血沸腾，紧跟在班长后面。

A. 说一说：从这个片段中你体会到了什么？你是从哪些词语中体会到的？

B. "斩钉截铁"是什么意思？你还从哪些地方感受到班长的坚定、果断？（"走"，语言简短）

C. 指名读，指导读出"斩钉截铁"的语气。

课件出示2：

他刚要拧开盖子，马宝玉抢前一步，夺过手榴弹插在腰间，猛地举起一块大石头，大声喊道："同志们！用石头砸！"

马宝玉"嗖"的一声拔出手榴弹，拧开盖子，用尽全身气力扔向敌人。

A. 画出描写班长马宝玉动作的词语，并说说你从中感受到了什么。

B. 提问：班长已经负伤了，为什么动作仍这么快，力量仍这么大？

C. 指名读，指导读出班长马宝玉对敌人的仇恨和英勇杀敌的决心。

课件出示3：

班长马宝玉激动地说："同志们，我们的任务胜利完成了！"说罢，他把那支从敌人手里夺来的枪砸碎了，然后走到悬崖边上，像每次发起冲锋一样，第一个纵身跳下深谷。

A. 读一读，说一说：你从砸枪跳崖这个片段中体会到了什么？

B. 指名读，指导读出班长大无畏的英雄气概和身先士卒的精神。

C. 全班齐读。

（5）聚焦"英勇跳崖"部分，体会点面结合的写法

① 播放电影"英勇跳崖"片段。

② 指名读第6~9自然段。

③ 交流"点面结合"的写法。

引导：你发现这一部分是如何做到"点面结合"的？（面—点—面）

设计意图：引导学生对比第2自然段和第3~9自然段，发现点面结合的不同表现方式，在领悟的过程中抓住关键词句感受五位壮士的英雄气概，从而提高学生的思维能力和品析能力。

板块三：配乐齐诵，升华情感

（1）配乐齐读

（出示插图，播放音乐）同学们，五壮士屹立在狼牙山顶峰的画面时时在我们眼前浮现，那壮烈豪迈的口号声时时在我们耳边回响，让我们一起来感受五位壮士惊天地、泣鬼神的英雄壮举吧！齐读第6~9自然段。

（2）引导理解

此时此刻，你们知道课文为什么用"狼牙山五壮士"作为题目，而不用"狼牙山五战士"了吧？

（3）回读课文题目

我们带着对五位壮士的崇敬之情，一起再读课文题目！让我们深情地呼唤他们的名字——马宝玉、葛振林、宋学义、胡德林、胡福才。

设计意图：让学生通过插图、音乐、齐读，感受五位壮士英勇就义的震撼场面，让学生通过读文、读题、呼唤壮士的名字来进一步感受五位壮士的英雄气概。

（三）板书设计

狼牙山五壮士

英勇无界　　　多点罗列
（点面结合）　　一点一面

攀登实践之山

- 197 -

草　原

【教学目标】

1. 会写"毯、陈"等8个字，会写"绿毯、线条"等18个词语。

2. 有感情地朗读课文，边读边想象草原美景。背诵第1自然段。

3. 能说出从哪里体会到了"蒙汉情深"。

4. 了解课文在写景中融入感受的表达方法，初步体会这样写的好处。

【教学重难点】

重点：阅读时能根据所读内容，想象草原迷人的景色和蒙古族人民的热情。

难点：能说出从课文中的哪些地方体会到了"蒙汉情深"，和同学交流惜别的经历。

【教学准备】

多媒体课件。

【教学课时】

2课时。

【教学过程】

· 第1课时 ·

（一）课时目标

（1）会写"毯、陈"等8个字，会写"绿毯、线条"等18个词语。

（2）朗读课文，能想象草原迷人的景色，读出自己的感受。背诵第1自然段。

（3）能体会在写景中融入感受的好处，并找出其他类似的句子，抄写下来。

（二）课时过程

板块一：谈话激趣，导入课题

（1）谈话导入

师：同学们好，欢迎来到"状元成才路"慕课堂，我是叶子老师，很高兴和大家一起学习，从今天起，我们便进入第一单元的学习。首先请大家读一读单元导语。

课件出示：

背起行装出发吧，去触摸山川湖海的心跳。

① 阅读时能从所读的内容想开去。

② 习作时发挥想象，把重点部分写得详细一些。

师：在第一单元的学习中，我们要关注这两个方面：第一，阅读时能从所读的内容想开去；第二，习作时发挥想象，把重点部分写得详细一些。

（2）导入课题

（课件出示图片）

设计意图：借助图片激发学生的学习兴趣和阅读期待。

师：同学们，有一个地方我特别向往，那儿天蓝地绿，有奔驰的骏马和雪白的绵羊。请看图片，你们知道这是什么地方吗?

生：是辽阔的大草原。

师：你说得很对。60多年前，作家老舍第一次走进内蒙古陈巴尔虎旗，就被那里的自然风光和民俗风情所打动，于是写下了一篇散文《草原》。今天，让我们跟随老舍先生的脚步，走进辽阔的大草原，去深入感受那里的自然风光和民俗风情。首先请大家欣赏有关呼伦贝尔大草原的视频。（播放视频）这节课我们学习第1课《草原》，请同学们跟着老师读课题。（生齐读课题）

攀登实践之山

板块二：走近作者

师：首先我们一起来了解本课的作者老舍，相信同学们课前预习过。有没有同学来给大家介绍一下老舍先生？（生说，师出示课件）

课件出示：

老舍（1899—1966），原名舒庆春，字舍予，北京人，现代作家，北京市人民政府授予他"人民艺术家"称号。代表作品有小说《骆驼祥子》《四世同堂》，话剧《茶馆》《龙须沟》等。

板块三：初读课文，检测预习

（1）欣赏课文朗诵

师：接下来，请同学们打开课本，对照课文，认真倾听课文朗读，初步感知课文内容。（播放课文朗读）

（2）自读课文

师：课文听完了，请同学们自由朗读课文。（出示自读要求）

课件出示：

① 读准字音，读通句子，如果遇到比较难读的词语，就把它画出来，多读几遍。

② 边读边思考：这篇课文围绕草原描写了哪些画面？

（3）读准字音

师：在学习课文之前，我们要扫清字词障碍。这些词语，你都会读吗？（师生互动练习读字词）

课件出示：

绿毯（tǎn）	陈（chén）巴尔虎旗	衣裳（shang）
彩虹（hóng）	马蹄（tí）	奶豆腐（fu）
稍（shāo）微	微（wēi）笑	翠色欲流
襟飘带舞	蒙古包	鄂温克族

（4）学习多音字

师：这一课中还有三个多音字，请同学们来读一读。谁能把一个字的多个读音连成一句话呢？其他同学也可以练一练，帮助识记、区分多音字。

（生自由练说）

课件出示：

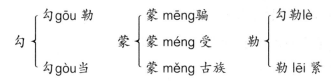

那个蒙（méng）古族的小伙子被电信诈骗犯蒙（mēng）骗了，蒙（méng）受了巨大的损失。

（5）学习字词，指导书写

师：本课还有几个难写的字，请同学来说说你在书写的时候需要注意什么。

生1："毯"字是半包围结构，先写"毛"，再写"炎"，"毛"的第四笔竖弯钩要舒展，能托住"炎"字。

生2："腐"字也是半包围结构，"广"字的撇要包住"付"和"肉"。

师：请同学们认真观看"毯"和"腐"的书写视频。（播放视频）读音和字形大家都掌握了，那么下列词语的意思你们弄明白了吗？读下面的句子，选择对应的词语。（生自由作答）

课件出示：

词语解释

A. 拘束   B. 洒脱   C. 迂回

① 本指（言谈、举止、风格）自然；不拘束。文中指草原辽阔平坦，在开车时可以随心所欲，而不必担心有什么危险。（B）

② 回旋；环绕。文中指河像带子，弯弯曲曲的样子。（C）

③ 过分约束自己，显得不自然。（A）

板块四：再读课文，厘清脉络

师：请同学们默读课文，边读边想：作者主要描写了草原的哪几个画面？

生：这篇课文首先描绘了一碧千里的草原美景，接着又展示了人们欢迎远方客人和草原联欢的隆重场面，最后把酒话别，用"蒙汉情深何忍别，天涯碧草话斜阳"结束全文。

师：你说得真好！从你的概括中，我们能清楚地知道作者描绘了"草原风光图""喜迎远客图""主客联欢图"三个画面。

板块五：细读课文，品读美景

语文要素：阅读时能从所读的内容想开去。

（1）学习第1自然段，寻景色之美

师：这节课我们就先领略"草原风光图"，请同学们默读课文的第1自然段，想一想：作者都描写了草原的哪些景物呢？请用横线画出来。（课件出示第1自然段）

生1：描写的草原景物有：天空、小丘、羊群、骏马、大牛。

师：同学们发现这些景物的写作顺序有什么规律了吗？

生2：我发现作者是从草原的天空写到了天底下的一碧千里，这是按照从上到下的顺序写的。

（2）感受美景，想象画面

师：草原的哪处景色给你留下了深刻的印象？把描写它的句子画出来，在旁边写上你的感受。

生1：我找的句子是"那里的天比别处的更可爱，空气是那么清鲜，天空是那么明朗，使我总想高歌一曲，表示我满心的愉快"。草原上的天空特别明朗，空气非常清新，非常新鲜，让人真想投入草原的怀抱中去！

师：你准确地抓住了天空和空气的特点，用拆字组词法来解释"清鲜"的意思，真会学习！面对此景，作者"总想高歌一曲，表示我满心的愉快"。还有哪位同学愿意交流？

生2：我找的是"在天底下，一碧千里，而并不茫茫"。"一碧千里"的意思是：到处是青绿色，一眼望不到边。文中指整个草原全是青绿色的，一眼望不到边。我从中感受到了草原辽阔、碧绿、一望无际的特点。

师：你能够联系上下文来体会"一碧千里"的含义，真不错！还有哪位同学愿意交流？

生3："羊群一会儿上了小丘，一会儿又下来，走在哪里都像给无边的绿毯绣上了白色的大花。"作者用一个比喻句把草原比作无边的绿毯，把羊群比作白色的大花，特别有画面感。

师：想象一下：羊群在草原上还可以比作什么？试着仿写一下吧！

课件出示：

羊群一会儿上了小丘，一会儿又下来，走在哪里都像_____。

设计意图：引导学生在朗读、想象中感受草原风光之美。

生1：羊群一会儿上了小丘，一会儿又下来，走在哪里都像碧绿的大海上扬起的点点白帆。

生2：羊群一会儿上了小丘，一会儿又下来，走在哪里都像碧绿的湖面上盛开着的朵朵白莲。

师：同学们的想象力真丰富呀！为你们点赞！还有哪里能让你们感受到草原的美？

生："那些小丘的线条是那么柔美，就像只用绿色渲染，不用墨线勾勒的中国画那样，到处翠色欲流，轻轻流入云际。"我觉得这句话能表现出老舍看见的小丘线条很优美，他在欣赏这种美。

师：这里确实写得美，"渲染"和"勾勒"都是绘画用语，"渲染"是指用水墨或淡的色彩涂抹画面，以加强艺术效果；"勾勒"是指用线条画出轮廓。看下面两幅图，想一想：老舍先生为什么觉得小丘"像只用绿色渲染，不用墨线勾勒的中国画"呢？

设计意图：抓住关键词句理解课文，从所读内容想开去，体会作者对草原的喜爱之情，发现写景时融入感受的妙处。

生1："绿色渲染"说明草原这幅画的基本色是绿色，草原上都是绿色的。"不用墨线勾勒"说明草原上的小丘和平地之间没有明显的界线，小丘和平地连成了一个整体。

师：你真善于观察和想象！草原的小丘连绵起伏，没有明显的界线，这和"渲染"是多么相似啊！草原上可谓"放眼处处皆绿色"。请大家找一找，还有让你印象深刻的地方吗？

生2："在这境界里，连骏马和大牛都有时候静立不动，好像回味着草原的无限乐趣。"作者看到骏马和大牛静立不动的样子，他想象骏马和大牛

攀登实践之山

是不是都和他一样，被草原的美丽景色深深陶醉，也像他一样在默默地回味着草原的无限乐趣。

师：作者借助骏马和大牛来表现自己对草原的喜爱之情。这样优美的一幅画面，值得同学们细细品味，请同学们读读第1自然段吧！（生读第1自然段）

（3）读中悟情

师：在第1自然段中，有直接写草原景色的句子，也有写作者感受的句子，请你用波浪线画出描写草原景色的句子，用横线画出描写作者感受的句子。

课件出示：

这次，我看到了草原。那里的天比别处的更可爱，空气是那么清鲜，天空是那么明朗，使我总想高歌一曲，表示我满心的愉快。在天底下，一碧千里，而并不茫茫。四面都有小丘，平地是绿的，小丘也是绿的。羊群一会儿上了小丘，一会儿又下来，走在哪里都像给无边的绿毯绣上了白色的大花。那些小丘的线条是那么柔美，就像只用绿色渲染，不用墨线勾勒的中国画那样，到处翠色欲流，轻轻流入云际。这种境界，既使人惊叹，又叫人舒服，既愿久立四望，又想坐下低吟一首奇丽的小诗。在这境界里，连骏马和大牛都有时候静立不动，好像回味着草原的无限乐趣。

师：如果去掉这些描写感受的语句，并不影响对景色的描写。请你对比一下，你更喜欢哪种表达？

生：我更喜欢老舍先生的表达，因为这种表达既写出了作者看到的景色，又融入了自己的感受，很容易使读者产生情感共鸣。

师：我们跟随老舍先生走入了呼伦贝尔大草原，欣赏了草原风光图，感受到老舍先生对草原的喜爱之情，那么作者是怎样表达出自己的喜爱之情的呢？

生：作者在对草原美景细致刻画的同时，融入自己的感受以及直接的赞美，并借骏马和大牛再次强调草原之美、之趣。作者就是用这样的方法写出了自己对草原美景的喜爱。（课件出示：情景交融、直抒胸臆、借助他物）

师：请同学们伴随着音乐，再读一读这段话，进一步体会作者的感情，

把这优美的文字都印在自己的脑海中吧。（生朗读第1自然段）

师：通过这节课的学习，大家感受到了草原的辽阔、碧绿与美丽。在这样美丽的地方，又生活着怎样的人呢？他们有着怎样的生活习惯，又会怎样迎接、招待老舍先生与他的朋友们呢？下节课我们再一起去看一看吧。

设计意图：通过多种形式的朗读，从所读内容想开去，进一步感受草原之美、作者的喜爱之情，达成教学目标。

板块六：随堂练习，强化巩固

师：现在，我们来做几道随堂练习巩固一下吧！

课件出示：

我会填，我会选。

一（碧）千（里）　　（久）立（四）望

（翠）色欲（流）　　高（歌）一（曲）

这些词语中有两个词语是描写绿色的，它们是一碧千里和翠色欲流，但是它们也有不同，一碧千里是描写绿的范围的，翠色欲流是描写绿的状态的。像这样的词语还有绿草如茵、苍翠欲滴。

师：聪明的你一定都答对了吧！通过今天的学习，相信同学们一定收获了很多。状元成长路，助你学习进步！今天的课就到这里了，我们下节课再见！

（三）作业设计

（1）扫码听写生字词。

（2）背诵第1自然段。

（3）完成《状元作业本》中P1的第1～2题。

（四）板书设计

草原{
天（空气：清鲜　天空：明朗）
↑
草原→四面（平地、小丘）绿：翠色欲流　骏马、大牛：不动
回味　一碧千里　羊群：大花
}描写有序从上到下

攀登实践之山

（五）教学反思

1. 成功之处

本课采用"读、思、议、想"相结合的方法进行教学，学生能深入理解课文。通过让学生自读自悟，品读感悟，激发学生的情感共鸣，学生在此过程中的学习兴趣高涨。

2. 不足之处

对修辞手法的教学、引导不到位，限制了学生畅所欲言的空间。

3. 教学建议

放手让学生品读感悟，教师在这里只起点拨的作用，这样学生才能更加深入地体会课文内容，体会语言的美。

·第2课时·

（一）课时目标

（1）能说出从课文中的哪些地方体会到"蒙汉情深"，和同学交流与人惜别的经历。

（2）阅读时能从所读的内容想开去，想象蒙古族人民的热情。

（二）课时过程

板块一：复习回顾，引入新课

（1）回顾第1自然段

师：同学们好，欢迎来到"状元成才路"慕课堂，我是叶子老师。今天我们继续学习第1课《草原》。上节课我们学习了第1自然段，让我们伴随着音乐细细品读，再次领略大草原的美丽风光吧。（播放音乐，生齐读第1自然段）

（2）聚焦中心句

师：离开这美丽的草原时，作者发出了怎样的感叹呢？请你们找到原文中的句子，读一读。

生："蒙汉情深何忍别，天涯碧草话斜阳！"

师：你真会找！你明白这句话是什么意思吗？

生：这句话的意思是：蒙古族和汉族人民之间的情谊很深，怎么舍得马上分别呢？夕阳西下，大家在无边无际的大草原上相互倾诉着惜别之情。

师：是啊！大草原上不仅有美丽的风景，还有热情好客的蒙古族人民，课文中洋溢着浓浓的"蒙汉情深"，让我们开始今天的学习吧！

设计意图：通过重点语句的指导，让学生在理解内容的基础上领悟表达方法，充分体会作者的情感。

板块二：初读感知，了解学习目标

师：请同学们快速浏览第2～5自然段，说说你们从课文中的哪些地方体会到了"蒙汉情深"。

生：我从课文里的"喜迎远客图"和"主客联欢图"这两幅画面中体会到了"蒙汉情深"，感受到了蒙古族人民的热情好客。

师：接下来我们就按照课文的顺序依次来感受"蒙汉情深"。

板块三：深读感悟，体会"蒙汉情深"

语文要素：阅读时能从所读的内容想开去。

（1）品读"喜迎远客图"，感受草原人民的人情美

①学习第2自然段。

师：请同学们自由朗读第2自然段，找出描写蒙古族人民热情好客的句子，并做好批注。（生自读第2自然段）谁能和大家分享一下自己的感受？

生：我找到的句子是"忽然，像被一阵风吹来似的，远处的小丘上出现了一群马，马上的男女老少穿着各色的衣裳，群马疾驰，襟飘带舞，像一条彩虹向我们飞过来。这是主人来到几十里外欢迎远客"。"各色的衣裳"说明草原人民把客人到来当成节日一般，才会身着节日盛装，这是蒙古族人民一种热情待客的方式。他们"群马疾驰"而来，体现了他们的热情。这两句话不仅写出了草原人民的热情好客，还写得很有艺术美。作者把"穿着各色的衣裳"的迎客队伍比作"一条彩虹"，写出了蒙古族人民衣服的艳丽，给人以美的享受。

师：是啊！草原人民穿着艳丽的民族服装，飞驰在碧绿的草原上，真像一条美丽的彩虹。请男生来读这个句子，读出蒙古族人民的热情。（男生

攀登实践之山

读）你们还能从哪里看出草原人民的热情好客呢？

生1：我从"男女老少"这个词语中体会到蒙古族人民无论男女老少都来迎接远客，人数众多，可见主人十分热情好客。

生2：我从"几十里外"这个词语中体会到蒙古族人民不辞辛苦，非常有诚意，写出了草原人民的热情好客。

生3：我觉得"飞"字用得特别好，我体会到了马的速度非常快，说明蒙古族同胞想快点儿见到客人，心情很急切。

师：抓住关键词来理解句子真是个好办法。你们还从哪里感受到了草原人民的热情？

生：我分享的句子是"静寂的草原热闹起来：欢呼声，车声，马蹄声，响成一片"，我仿佛看到了草原人民迎接远客时热闹、激动的场面，各种声音汇成一首欢迎远客的交响曲。

师：你的想象力真丰富！在你的描绘中，老师仿佛也看到了蒙古族同胞远迎客人时骏马疾驰、欢呼雀跃的动人场景。同学们可以有感情地读一读自己喜欢的句子。（生自由朗读）

师：此时此刻，作者一行人就要和热情的蒙古族同胞见面了，他们的心情会是怎样的呢？

生：他们会为即将到来的见面而感到激动。

师：你从哪些句子中体会到了作者的激动之情？

生1：一个"河"字，让我体会到作者看到河时的欣喜之情，因为有河，附近就有人家，说明访问的目的地快到了。

生2：我从"快了，快到了"这句话中感受到了作者语气的短促和心情的激动，以及作者想赶快见到蒙古族同胞的热切之情。

②学习第3自然段。

师：请同学们自由朗读第3自然段（课件出示第3自然段），想一想：作者一行人和蒙古族同胞见面以后，你从哪些地方感受到了蒙古族同胞的热情好客呢？

生1：从"也不知道是谁的手，总是热乎乎地握着，握住不放"这句话中感受到的。我觉得不仅是手热乎乎地握着，他们的心也是热乎乎的。

师：原来不仅蒙古族同胞热情欢迎作者一行人，作者一行人也热切地期盼与蒙古族同胞会面啊！真是照应了"蒙汉情深"！还有哪位同学继续说一说？

生2：我从"大家的语言不同，心可是一样。你说你的，我说我的，总的意思是民族团结互助"这两句话中感受到了蒙古族同胞的热情好客。

师：语言虽然不通，但是阻碍不了"我们"的交流，因为"我们"心意相连。这的确是"蒙汉情深"。请同学们观看视频，感受蒙古族同胞的热情好客。（播放视频）

设计意图：抓住关键词理解句子，从所读内容想开去，在这个过程中，学生学习的目的不仅在于解决问题，还在于经历阅读的过程，享受阅读的乐趣，以及习得阅读的方法。

（2）品读"主客联欢图"，感受草原人民的人情美

① 学习第4自然段（课件出示第4自然段）。

师：在蒙古族同胞的款待下，你从哪些地方可以感受到他们如火的热情？

生：我从"奶茶倒上了，奶豆腐摆上了，主客都盘腿坐下，谁都有礼貌，谁都又那么亲热，一点儿不拘束。不大一会儿，好客的主人端进来大盘的手抓羊肉"这两句话中读出来的。我课前查阅资料，知道"奶茶、奶豆腐、手抓羊肉"都是蒙古族特色食物，而且一进蒙古包就倒上了，摆上了，端进来了，可见蒙古族同胞是早有准备，体现出了他们的热情好客。

师：奶茶、奶豆腐、手抓羊肉（出示图片）全摆上了，草原人民真是热情地款待远道而来的客人呀！除了吃的和喝的，还有什么来欢迎"我们"呢？

生：草原人民还唱歌呢，以歌助兴。文中的句子是"歌声似乎比什么语言都更响亮，都更感人，不管唱的是什么，听者总会露出会心的微笑"，我从中可以感受到蒙汉人民的情谊更进一步，大家心意相通，亲如一家。

师：多么美好幸福的画面啊！

② 学习第5自然段（课件出示第5自然段）。

攀登实践之山

师：饭后，整个大草原回荡着欢声笑语。接下来，老师将播放蒙古族同胞最喜爱的民族传统节目套马、摔跤的视频。（播放视频）相信你们对蒙古族人民有了更深的了解，带着这种感受，读读第4、5自然段吧！（生朗读）

师：快乐的时光总是过得飞快，不知不觉，太阳已经偏西。分别在即，在夕阳的余晖里，主人和客人依依不舍。正像作者说的那样——

生："蒙汉情深何忍别，天涯碧草话斜阳！"

师：请同学们发挥自己的想象，主人和客人在分别的时候会说些什么呢？

生1：假如我是主人，我会深情地拥抱客人，说："尊贵的客人们，这次没招待好你们，下次还要再来呀！"

生2：假如我是客人，我会说："感谢你们的热情款待，蒙汉两族人民之间的情谊会一直延续下去的，也欢迎你们到我们那儿做客。"

师：在大家的欢声笑语中，今天的访问就要结束了。如果说刚进入草原，作者是特别高兴，初见草原觉得新鲜，心情也十分激动，而当与蒙古族人民相处后，更多的是一种不舍，真是"蒙汉情深何忍别，天涯碧草话斜阳"。

设计意图：让学生从课文中的惜别场景中来，到生活中的惜别场景中去，借助"想开去"，把惜别画面写下来，把惜别场景说出来，表达依依不舍之情。

板块四：课堂小结，巩固练习

师：同学们，本文是老舍先生首次来到草原，访问陈巴尔虎旗时写的一篇散文。本文记叙了老舍先生初入草原的所见、所闻、所感，赞美了草原的美丽风光，抒发了作者对草原的无限热爱之情，深情讴歌了蒙汉同胞的民族情谊。同学们，我们一起来做一道练习题，对今天学习的知识进行巩固。

课件出示：

对"蒙汉情深何忍别，天涯碧草话斜阳"这句话理解有误的一项是（　　）。

A. 这句话起到了承上启下的作用，大家不舍得分别，在夕阳下的草原上倾诉着惜别之情

B. 这句话点明了文章中心，写出了蒙古族和汉族人民之间深厚的情谊

C. 文中多个场面都表现了"蒙汉情深"。例如，主人到几十里外欢迎远道而来的客人，主人热情地接待客人

生：选A，这句话不是过渡句，"承上启下的作用"说法错误，这句话起到了总结全文的作用。

师：答对了，状元成长路，助你学习进步！今天的课就上到这里，我们下节课再见！

（三）布置作业

（1）学习第1自然段"一边写景，一边写感受"的写法，尝试写一个片段。

（2）完成《状元作业本》P2的第3～7题。

（四）板书设计

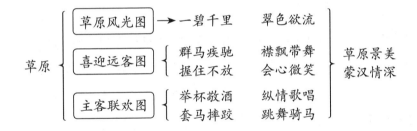

攀登实践之山

— 211 —

统编版教材五年级语文下册"快乐读书吧"阅读推进课

【教学目标】

1.交流阅读计划和前期的阅读感受,初步体验精彩的故事和生动的人物。

2.回顾已学的方法,解决在阅读过程中产生的问题。

3.运用做批注、画导图等阅读方法,读懂故事,品读人物特点。

4.感受古典名著的精彩与有趣,激发学生进一步阅读,形成阅读成果。

【教学重难点】

重点:交流阅读计划和前期的阅读感受,初步体验精彩的故事和生动的人物;回顾已学的方法,解决在阅读过程中产生的问题。

难点:运用做批注、画导图等阅读方法,读懂故事,品读人物特点。

【教学过程】

(一)课前谈话

师:504班的同学们,我们又见面啦!吴老师觉得我和你们很有缘分,因为我在硕士小学带的班级也是504班。我们班的同学很喜欢看书,连最调皮的徐同学只要一拿到书也会立刻安安静静地读起来。你们喜欢看书吗?你看过哪些书呀?最喜欢书中的谁?或者你最喜欢书中的哪个故事?(指3名学生回答)

（二）聊阅读计划，检验效果

1. 交流阅读计划

师：准备好了吗？上课！刚才同学们聊到了很多书，其中不乏我们这段时间在读的中国四大古典名著。上节课后，同学们也都制订了自己的阅读计划，让我们一起来看看。

（1）呈现四名学生制订的阅读计划。（四大名著各一张，形式不同）

师：这是我们班四位同学做的阅读计划，我请计划的作者来说说看，这段时间你是怎么根据计划进行阅读的呢？

（2）学生简单介绍。

（3）总结。

师：感谢两位同学的分享，同学们，这些各具特色的阅读计划一定能为你们的阅读古典名著之旅助力。

2. 检查阅读效果

（1）播放《西游记》的主题曲《敢问路在何方》

师：好熟悉的音乐啊！这首歌和哪本古典名著有关？（《西游记》）上节课我们在"快乐读书吧"中欣赏了《西游记》中的精彩片段，不少同学也选择了阅读《西游记》这本书。那么在阅读的过程中，哪个故事让你印象最深刻？你最喜欢故事中的哪个人物呢？我们一起来分享一下。

（2）学生分享喜欢的故事或人物

师：看来在这段时间的阅读过程中，大家阅读了《西游记》中不少精彩的故事，也记住了很多让自己印象深刻的人物。但由于《西游记》等原著采用的是古白话文，可能不像我们的现代文那么容易读。

（三）理阅读困难，集体解决

师：老师在课前的调查中了解到，有些同学觉得阅读原著时的速度比平时慢，效率低；有些同学觉得在读的过程中有一些字不认识，有些词没有遇到过；还有一些同学觉得文中有些语句读不懂。你们是怎么解决的呢？

攀登实践之山

1. 学生交流，共同解决

（1）阅读速度慢怎么办？

① 集中注意力不回读。尽量连词成句地读，不要一个字一个字地读，更不要回读。

② 读得快还要想得快。要做到一边读一边想，抓住关键词句，捕捉有用信息。

（2）有不认识的字词、难理解的语句怎么办？

① 联系上下文，猜一猜。

② 次要的内容可以略读、跳读。

师：真是三个臭皮匠——（生答）顶个诸葛亮。其实这些阅读方法我们都学过，但是只有在阅读实践中多多运用，才能真正做到学以致用。那么读了一段时间的《西游记》后，其中的一些知识你还记得吗？让我们一起来玩一个答题小游戏。

2. 趣味抢答

（1）逐个出示选择题。

（2）小程序随机抽取学生回答。

① 孙悟空在御马监当什么官？

    A. 齐天大圣   B. 弼马温   C. 平天大圣

② 玉帝让孙悟空管理的地方叫什么？

    A. 兜率宫   B. 蟠桃园   C. 花果山

③ 孙悟空变成谁去赴蟠桃会？

    A. 赤脚大仙   B. 仙童   C. 七仙女

④ 悟空偷吃的仙丹是谁炼出来的？

    A. 玉帝   B. 王母   C. 太上老君

⑤ 围攻花果山时，天庭谁第一个出战？

    A. 九曜星官   B. 哪吒   C. 李天王

（四）学精读策略，推进阅读

师：看来，这些题目都难不倒你们。这部分内容是来自西游记的前七回。主要讲了孙悟空的身世和大闹天宫的故事。话说天兵天将都拿孙悟空没办法，玉帝只得请两位仙人去求如来。课前老师发放了这样一张预习单，接下来我们交流一下。

1. 做批注，读懂人物

（1）出示预习单，引导学生交流

在这部分的描写中，你看到了一个怎样的孙悟空？又是从哪些地方读到的呢？

（2）反馈交流

预设：

① 敢于挑战天庭权威的孙悟空。嫌官小，不愿意当弼马温；偷吃了蟠桃；扰乱了蟠桃大会，还偷吃了太上老君的仙丹。

② 勇敢善战的孙悟空。十万天兵都不能收服他，三十六员雷将把他困在核心，终不能相近。

③ 神通广大的孙悟空。刀砍斧剁、火烧雷打都不能伤他，只能以火来锻炼。跟二郎神打斗时变化多端。（学生边说边上台板书）

……

师：感谢同学们的分享。在刚才的学习过程中，我们可以发现，抓住描写人物的一些关键语句，在阅读过程中写写批注，及时记录感受，可以帮助我们更好地读懂人物。（板贴：做批注）

2. 画导图，梳理内容

师：同学们，再仔细看看预习单上的这个节选片段，在二圣的述说中，我们不仅能读到孙悟空的人物形象，还能读到孙悟空大闹天宫这个故事的——（生答）经过。那故事的经过是怎样的呢？

（1）找到原因——因聚猴闹事，被招安做了"弼马温"……"被压五行山"（学生边说，教师边板贴字）

（2）引出"情节发展图"

师：在梳理的过程中，我们记录了一些关键词，把这些词串联起来，一幅"大闹天宫"的故事情节发展图就完成了。（边板贴画边说）如果我们能

攀登实践之山

在此基础上通过绘画再做一些相关的修饰，那么这幅导图在清楚的基础上又兼具了美观性。

（3）指一名学生根据导图简单说说孙悟空大闹天宫的故事

师：同学们，读懂一个故事、讲好一个故事其实并不容易，但是如果我们能借助思维导图这个小帮手，那就简单多了！（板贴：画导图）

（4）拓展其他导图样式

① 出示"作业本""孙悟空与二郎神斗法"的鱼骨图。

② 流程图、表格……

师：同学们，想自己试一试吗？老师通过课前的调查，发现在前一阶段的阅读过程中，这些故事深受你们的喜爱。

③ 出示故事名及相关配图，认领任务卡。

预设："大闹天宫""三打白骨精""三调芭蕉扇""真假美猴王""大战红孩儿""车迟国斗法""大战流沙河"。

师：课前，大家已经根据自己喜欢的故事形成了合作小组，请派一名代表来领任务卡和小组名牌。

（5）出示合作提示

① 根据目录，找到相应的故事章节。

② 组员共同研读故事，组长记录关键词。

③ 设计并完成思维导图。

④ 若时间充裕，用画笔美化导图。

⑤ 借助导图，在组内简洁地说一说故事内容。

（6）教师总结

师：各具特色的导图，精彩的讲解，把掌声送给你们自己吧！

3. 拓展方法，推进阅读

（1）出示取经路线框架图

（2）采访小组，明确故事的发生地点

师：老师想要采访一下"××××"故事组，你们研读的故事发生在哪个地方或国家？

预设："白虎岭""火焰山""金兜山""火云洞""车迟国""流沙河"。（逐一出示在路线框架图上）

师：唐僧师徒四人历经九九八十一难，他们全程路过了哪些地方、经历了哪些困难？课后，同学们还可以一边读，一边记录，等读完整本书，你的手上就掌握了一份取经路线图！当然，我们的导图不仅可以用来梳理故事内容，还可以用来表现人物形象。我们不仅可以用思维导图来读故事、品人物，还可以绘制手抄报来整理阅读感悟。读完后还可以约上志同道合的小伙伴，创作小剧本一起去演一演。（依次板贴：画导图、绘小报、演课本剧）

（五）总结方法，推荐阅读

让我们用上这些阅读方法，继续读古典名著，品百味人生。期待在接下去的分享课中能够看到你们精彩纷呈的阅读成果！

攀登实践之山

统编版教材五年级语文下册"快乐读书吧"阅读分享课

【教学目标】

1. 通过多样性阅读成果的展示提升学生对名著的兴趣。

2. 引导学生分享从名著中收获的启示、感悟。

【教学重难点】

重点：通过多样性阅读成果的展示，提升学生对名著的阅读兴趣。

难点：通过名著情节、人物形象，引导学生思考和分享从名著中收获的启示和感悟。

【教学过程】

（一）导入

同学们，这段时间我们畅游在古典名著的海洋里，阅读了一个个有趣的故事，认识了一个个有名的人物。今天啊，就让我们开启分享号列车，带着大家一起去看看同学们的阅读成果，相信大家都已经准备好了吧。

（二）成果分享

那就有请我们本次列车的列车长，高同学。

站点1：取经路线图展示

高：各位旅客好！我是本次列车的列车长高，前方我们将进入第一个小站点——取经路线展示，我们先一起来欣赏大屏幕上路线图小组的同学们为

我们带来的作品。（PPT展示路线图）

高：同学们，请你们来评判一下，哪些路线图画得比较好？

预设：我认为第4张画得比较好。因为它的色彩比较丰富，路线看起来也比较清晰。

高：那就有请绘制这幅路线图的小组组长，来为我们介绍一下他们是怎么绘制路线图的吧。

小组长（甲）：我们小组的分工比较明确。我负责纸张、画笔等材料的准备，B同学负责从《西游记》中找出取经路途中的主要地点，并且标注在纸上，用实线将它们连接起来，C、D、E、F同学则分别负责背景上色和各个人物形象的绘画。

高：嗯，小报的制成少不了你们每个人的努力。B同学，小报中的主要地点是你标注的，能请你来说一说这些地点中令你印象最深刻的故事吗？

B：令我印象最深刻的是发生在火焰山的故事。唐僧师徒四人一路西行，却被火焰山挡住了去路。为了熄灭火焰山的火，孙悟空三借芭蕉扇。悟空初次借扇，被铁扇公主用芭蕉扇扇到五万四千里外。灵吉菩萨得知实情，给他一粒"定风丹"再去借扇。公主又用扇扇他，悟空口含定风丹，一动不动。铁扇公主因为害怕忙回了洞府，闭门不出。悟空变作一只小虫，飞入洞中，钻在茶沫之下，随茶水被公主喝入肚腹之中。悟空在铁扇公主的肚腹之中拳打脚踢，来回翻腾，公主腹中疼痛难忍，答应借扇，但给的是一把假扇。二次来借扇时，悟空变成牛魔王的模样，骗得真扇，却被牛魔王所变的猪八戒夺回。三次来借扇时，悟空与牛魔王大战，八戒、沙僧、哪吒及天神上前助战，最后把牛魔王打得现出原形。悟空用芭蕉扇扇灭山火，师徒四人继续西行取经。

师：同学们，你们觉得B同学的故事讲得好不好，为什么？（生：不好。孙悟空第一次就应该成功借到芭蕉扇）

师：你想，如果孙悟空第一次借芭蕉扇就成功了的话，后面的灵吉菩萨和其他天神还有出场的机会吗？故事还会那么精彩吗？（生：不会）

师：对啊，所以为了让故事更精彩，借芭蕉扇最好不要一次就借成。这种写作的手法我们称之为一波——三折。那接下来还有哪组同学愿意给我们分享一下你们的杰作？

小组长（乙）：我们小组也想来分享一下。手抄报5是我们小组的作品。我想请我的组员们分别为大家介绍一下自己负责的项目。我作为组长，主要负责材料的搜集。

G：我负责绘制路线图的背景颜色。

H：我负责标注路线图的主要站点，每个地点都是我标注出来的。

I：我负责将主要的地点绘制成不同的形状，让大家一目了然。

J：我负责绘制路线图中的这些人物。

高：看得出来，你们的路线图也是花了大力气、下了大功夫的。那么你们小组有没有哪位同学来为大家分享一下令他印象比较深刻的故事？

H：令我印象最深刻的是三打白骨精的故事。唐僧师徒四人为取真经，行至白虎岭前。在白虎岭内，住着一个尸魔白骨精。为了吃唐僧肉，她先后变幻为村姑、妇人、老父，全被孙悟空识破。白骨精害怕，每次都变作一阵风逃走。孙悟空把村姑、妇人的假身统统都打死了。但唐僧却不辨人妖，反而责怪孙悟空恣意行凶，连伤两命，违反戒律。第三次白骨精变成白发老公公，又被孙悟空识破打死。唐僧写下贬书，将孙悟空赶回了花果山。

教师小结：感谢你们的精彩展示。我们常说一件事情发生的六要素是时间、地点、人物、起因、经过、结果。取经路线图的绘制，首先会让同学们对故事发生的地点有一个最直观的了解，然后又有同学在他们分享的故事中穿插了其他的几种要素，使路线图变得厚重、立体。同学们绘制的路线图，图文并茂，趣味颇多，相信在绘制路线图的过程中，同学们一定会对《西游记》的内容有一个整体的感受。列车长，接下来我们要到哪一站呢？

站点2：人物形象展示

高：这一站是人物形象展示。分成两个小站点——"名著人物猜一猜"和"名著人物画一画"。首先有请我们"名著人物猜一猜"的小站长——K同学。

K：大家好，我是"名著人物猜一猜"的小站长。在这一站中，同学们必须猜出我们分别是谁才可以通过这个小站，否则的话，你们就要被留下来，永远陪着我们，哈哈哈。我先来，我本是天生地养一石猴，后来不服天庭管教，打上天去，好不潇洒。可惜，最后因为在佛祖手上乱涂乱画，被判了整整五百年，说多了都是泪啊。你们说我是谁呢？

预设：孙悟空！

K：好厉害，兄弟们替我报仇！（屏幕绿灯亮起）

L：我本名江流儿，是我师父替我取的名字。我从小吃斋念佛，心地善良，长大以后又获得了一个很厉害的使命，要去西天求取真经。可恨不知是谁造的谣，说是吃我一块肉就能长生不老，害我一路上经历了多少磨难啊。希望同学们不信谣、不传谣。你们知道我是谁了吗？

预设：唐僧！

L跑回座位。（屏幕绿灯亮起）

M：我本是天蓬元帅，统管天河水军，威风凛凛。可惜后来犯了错误，被贬下凡，失去了自己本来英俊帅气的样貌。本来觉得人生失去了希望，但感谢老天让我遇到了翠兰，她永远是我取经路上的牵挂。你们知道我是谁了吗？

预设：猪八戒！

M跑回座位。（屏幕绿灯亮起）

N：没关系，还有我。我本是逍遥快活的山大王，修得三昧真火的神通。偶然听人说起吃唐僧一块肉可以长生不老，于是我就想去抓唐僧，结果被观音菩萨降伏，从此跟着菩萨过着清苦的生活，连块肉都不能吃，感觉人生失去了好多快乐。后来听说唐僧一行人还要问我妈借芭蕉扇来灭火焰山的火，哼，想得美！你们说说吧，本大王是谁？

预设：红孩儿！

N回到座位。（屏幕绿灯亮起）

高：在同学们的齐心协力下，我们终于通过了第一个小站点。接下来，我们马上就要到第二个小站点——"人物形象画一画"了。有请我们这一小站的小站长——O同学。

攀登实践之山

O：大家好，我是"人物形象画一画"这一站的小站长。跟刚刚上个"凶恶"的小站点不一样，我们小站的成员都是绘画方面的小能手。我们要把我们的画作展示给大家。

高：请小组成员手中捧着手抄报来到台前，向观众展示手抄报。能请你们说说都是从哪些方面对人物进行介绍的吗？

P：我主要是从人物的性格特点介绍的唐僧。

Q：我主要是从来历和本领两个方面介绍的孙悟空。

R：我主要介绍了猪八戒的本领和兵器。

S：我主要介绍了沙僧的性格和兵器。

高：好，请你们回座位吧。

高：那你们谁愿意来分享一下，跟你们所画的人物相关的故事呢？

Q：在取经路上，孙悟空遇到过最憋屈的事情就是三打白骨精。那个妖怪先是变作一个貌美的村姑，提着由蛇蝎变成的斋饭来骗唐僧。幸好悟空没有走远，及时赶到，用火眼金睛识破了妖怪的真身，将妖怪打跑。但是尸魔分外狡猾，逃走之际留下了假尸首，让唐僧念了好一阵紧箍咒。挨过紧箍咒，本以为事情已经告一段落，想不到，妖怪居然又变作一个前来寻找女儿的老妇人，悟空不顾八戒和师父的劝阻，打死了老妇，尸魔故技重施，抛弃尸首逃跑了。唐僧不问青红皂白就念紧箍咒，真为孙悟空感到不平。那尸魔连吃两个败仗，更加不肯放弃，又变作前来寻找妻子和女儿的老翁，悟空不管三七二十一，还是一棍子打死了他，结果又被念了通紧箍咒，并且还被唐僧逐出了取经队伍。

师：嗯，这件事情对孙悟空来说的确是一个很大的打击，经过了你生动的讲述，相信我们所有同学都能感受到孙悟空受的委屈，都能跟他感同身受。好，那还有哪位小组成员，愿意来给我们分享一下，令你印象最深刻的故事呢？

R：在取经路上，猪八戒最得意的事情便是和孙悟空一起痛打牛魔王。当时取经队伍走到火焰山附近，被火焰山挡住了去路。想问铁扇公主借芭蕉扇来熄灭火焰山的火，但却困难重重。说起来孙悟空和牛魔王也算是有些交情，可惜因为红孩儿的事情，结下了梁子。铁扇公主又是红孩儿的亲生母亲，因此更不肯借。孙悟空一连借了两回都没成功。最终还是在猪八戒的帮助下，才力压牛魔王，又请来了其他神仙相助，才借来了芭蕉扇。

教师小结：嗯，你成功地把故事的情节脉络串联了起来，让我们都对取经人跟牛魔王一家之间的关系有了清晰的认识。同学们，如果说一本书就是一条河流的话，那么一个个鲜明的人物形象就像是夜晚的群星映照在溪流中的一个个光点，他们既真实又虚幻。读一本书就像是在一条美丽的长河中泛舟，我们总会留意到河中那美丽的点点星光。在这个环节，同学们用自己的手牢牢抓住这些光点，并且以别样生动的方式展现在我们眼前，你们真是太棒了！列车长，下一站，我们应该前往何处啊？

站点3：情景剧展示

高：这一站有我最喜欢的风景。有请我们演绎组的第一小组为我们带来情景剧"三打白骨精"。

第一组演绎"三打白骨精"。

师：嗯，同学们来评论一下，刚刚他们小组演得好不好啊？有没有需要改进的地方呢？

预设：

（1）如果能够脱稿表演那就更好了。

（2）个别演员声音还需要再大一些。

（3）个别演员的表演还要更放开些。

（4）能够把剧情演得很完整、很具体，这是很不错的。列车长，我们继续吧。

高：感谢第一小组的精彩表演。有请我们演绎组的第二小组为我们带来情景剧"真假美猴王"。

第二组演绎"真假美猴王"。

师：同学们，你们觉得这一组演得好不好？有没有需要改进的地方？

预设：

（1）真假悟空都演得比较生动。

攀登实践之山

（2）个别演员还要更专注，要知道自己什么时候应该上场。

（3）同样，如果能够脱稿表演，演技肯定增长一大截。

教师小结：如果说前面两站，同学们讲述的故事都偏向简明扼要的概括的话，这一站带给我们的却是同学们细致而生动的演绎。同学们通过对人物语言、动作、神态的把握，向我们展现了一幕幕神奇有趣的场景，让一个个个性鲜明的人物都活了过来。让我们继续走向下一站的旅程吧！

站点4：感悟展示

高：同学们，这一站是感悟展示，《西游记》作为四大名著之一，同样有着丰富的思想内涵，让我们拿出纸和笔，在纸上写一写你从《西游记》中获得的感悟，然后把写好的感悟作为礼物，送给即将离开我们的张老师吧。

师：哇，同学们这么客气啊。那老师就不客气咯。（拿出罐子）

巡视全场，找到写好的同学就请他分享一下，然后放到罐子里。

T同学：我曾经是一个害怕困难的人，遇到不会做的题目，我总是想着去逃避，懒得动脑筋。可是读了《西游记》之后，我觉得唐僧那种孤身一人，无视沿途所有可能的危险，千里迢迢求取真经的勇气值得我去学习。或许我不能一下子就改变自己的性格，但是我想，只要我一次次试着去面对难题，终有一天，我会完成自己想要的改变。

师：是啊，一次次地逃避只会让你永远失去面对困难的勇气，战胜困难，你就会比困难更强大！谁再来说一说？

U：《西游记》里令我印象最深刻的是三打白骨精的故事。通过这个故事，我明白了一个道理。有的时候，眼睛见到的东西不一定是真的，我们不能武断地对一些事情下结论，或许那根本就不是我们以为的那样。

······

教师小结：听了同学们的几番感悟，老师也感慨颇多。其实啊，唐僧有好几次都差点儿被妖怪吃掉，但是那些妖怪好像有拖延症，要么是打算把唐僧清洗干净再吃，要么是打算把唐僧蒸熟了再吃。结果这么一耽搁，到嘴的唐僧肉就这样飞走了。所以啊，我们在平时的学习和生活中千万不要有拖延症哦，今日事，今日毕，不把今天的工作和学习拖到明天，同学们，你们说对吗？

（三）总结

欢乐的时光总是过得飞快，本次列车马上就要到终点站了，但是相信同学们漫游古典名著世界的旅程才刚刚启程，从东土大唐出发，去东京汴梁看一看，去水泊梁山走一走，去荣国府上转一转，去弥漫着三国烽烟的战场上逛一逛，让我们继续"读古典名著，品百味人生"。下课！

攀登实践之山